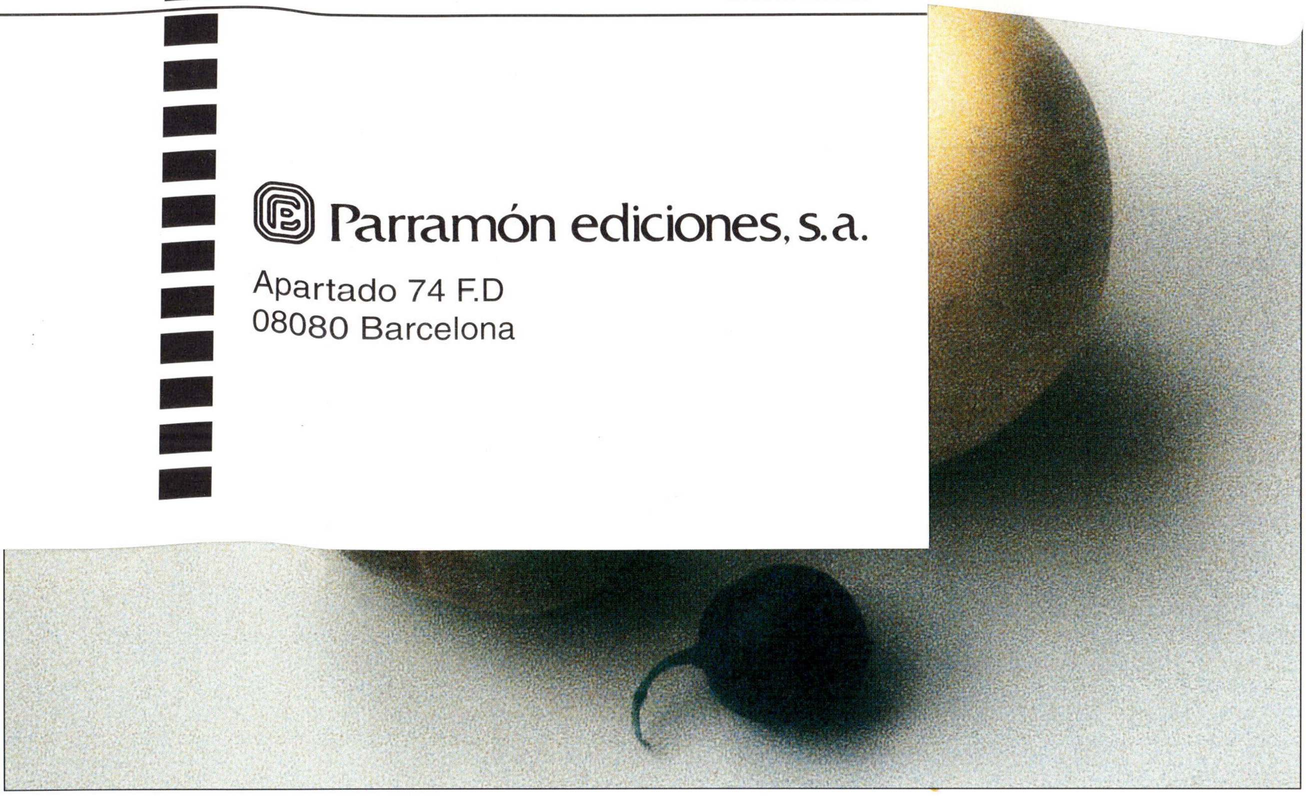

Bodegón sencillo de frutas

Organizar bodegones sencillos en cualquier rincón de nuestra casa supone una oportunidad estupenda para aprender a valorar tonos y colores recibiendo la información directamente del natural.

Opacidad y transparencia

Si bien la acuarela es un medio pictórico puramente transparente, es posible conseguir con ella texturas y tonos opacos empleando distintos tratamientos. Por ejemplo, si se trata de colores oscuros o extremadamente fuertes hay que intensificar la carga de pintura para obtener tonos opacos. Los tonos oscuros, así como los objetos de colores contundentes, requieren una solución muy saturada. Sobre ellos es difícil hacer veladuras; sobre el negro, por ejemplo, resulta imposible, y en el resto de colores sólo se apreciarán las pinceladas con tonos muy oscuros; estaremos tratando el medio de forma opaca. Los colores cercanos al blanco o muy iluminados, en cambio, requieren una disolución de poca carga de color en mucha agua. Sobre estos tonos pueden hacerse variantes añadiendo capas o veladuras; trabajaremos entonces la transparencia de la acuarela.

Sencillez en la forma

Las formas simples nos invitan a despreocuparnos del dibujo para adentrarnos en la valoración de tonos y la investigación de matices y colores. En este caso, todas las formas son esféricas. Buscamos en ellas los degradados que doten al fruto de volumen; al atender a la forma externa observamos que no se trata de un degradado plano sino que sigue un sentido circular. En cuanto al color, las frutas de un solo tono se simplifican con una base pintada a la que añadimos veladuras de sombra para construir su progresiva oscuridad. En otras frutas, en cambio, la piel posee matices de diversos tonos y habrá que trabajar la combinación de ambos y observar cómo incide el sombreado sobre cada uno de ellos.

Los pinceles

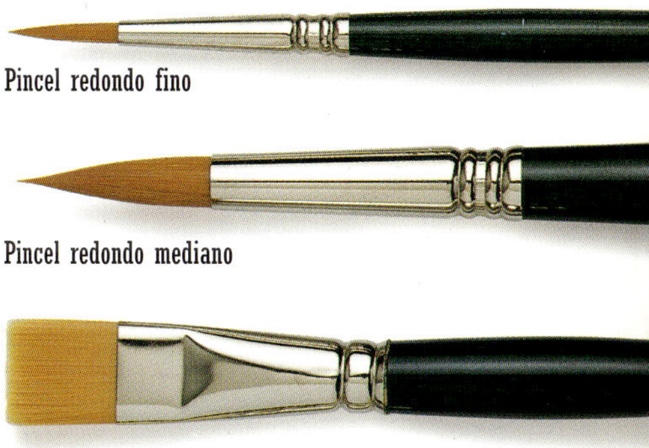

Pincel redondo fino

Pincel redondo mediano

Pincel plano ancho

Los colores de la paleta

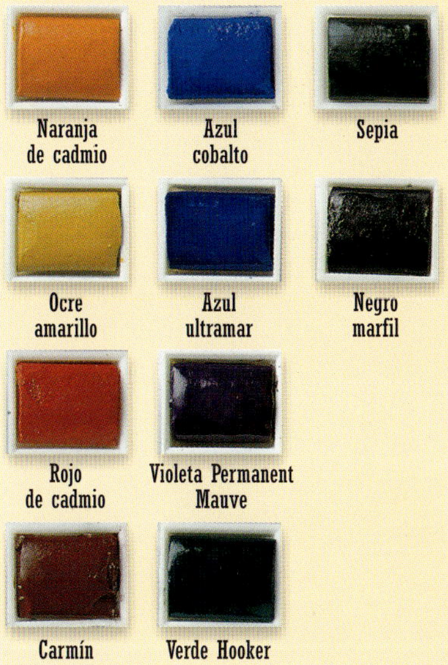

Naranja de cadmio · Azul cobalto · Sepia

Ocre amarillo · Azul ultramar · Negro marfil

Rojo de cadmio · Violeta Permanent Mauve

Carmín permanente · Verde Hooker

1 El color de fondo

Se trata de un tono muy claro e iluminado, por lo que trabajamos el medio de forma muy transparente, con mucha carga de agua. Con un pincel plano ancho realizamos una veladura suave sobre el papel, reservando las formas destinadas a las frutas. Para conseguir un tono neutro mezclamos ocre y azul cobalto con agua; cargamos más de ocre para que el tono sea cálido.

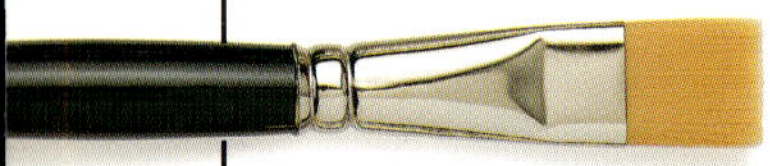

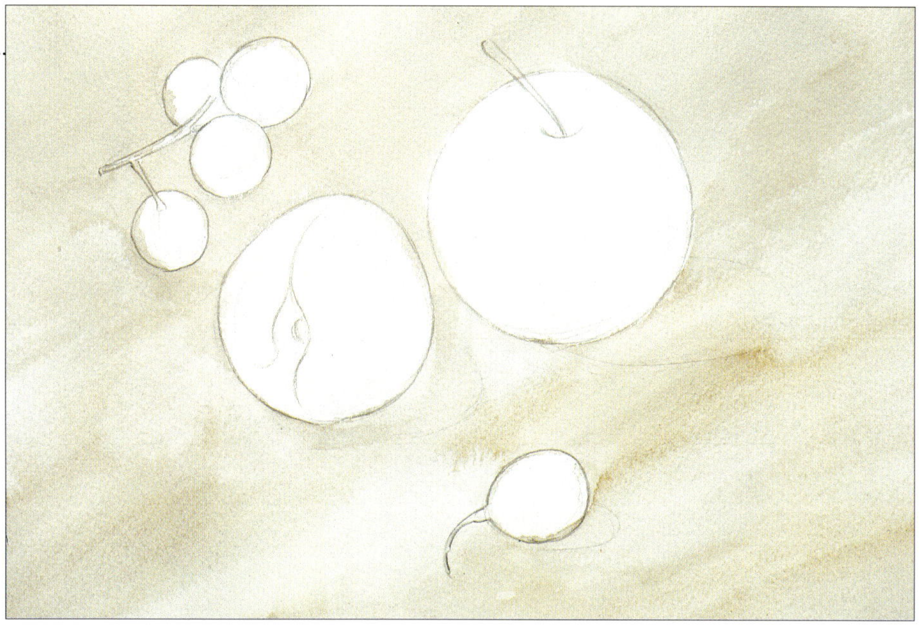

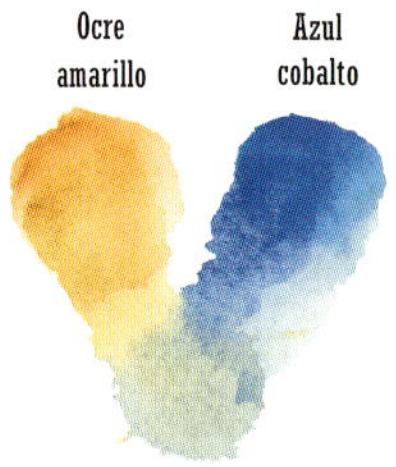

2 Manchamos el primer fruto

Es una manzana de tono muy cálido, por lo que mezclamos ocre con un poco de naranja de cadmio. Con un pincel redondo mediano, distribuimos el tono sobre la esfera, siguiendo un sentido circular. La parte superior aparece más iluminada, así que aplicamos más agua. En el surco y la parte inferior el tono es más intenso.

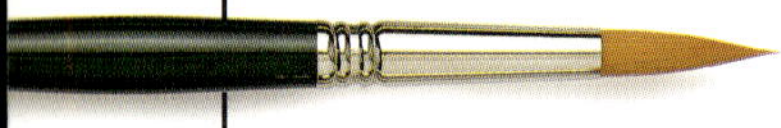

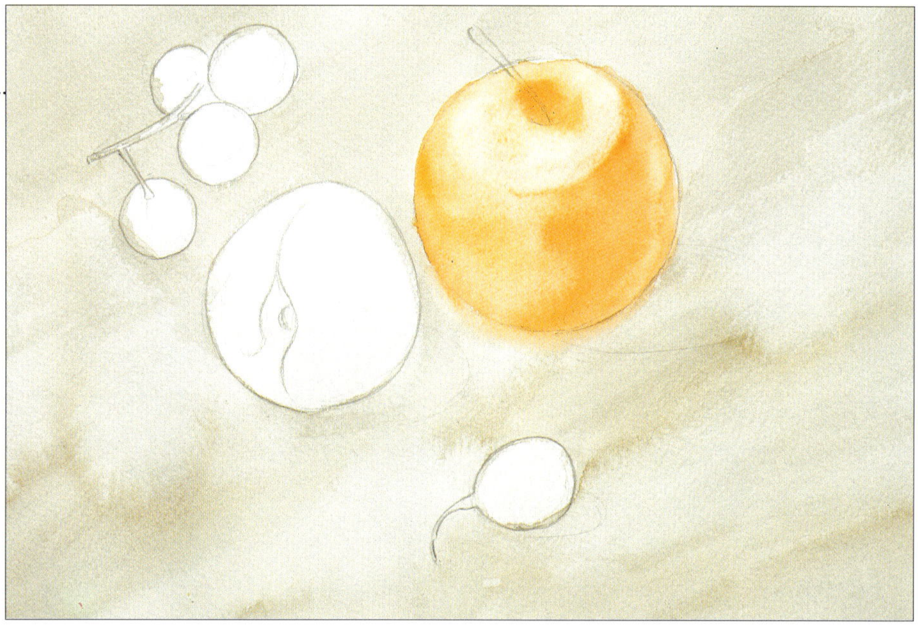

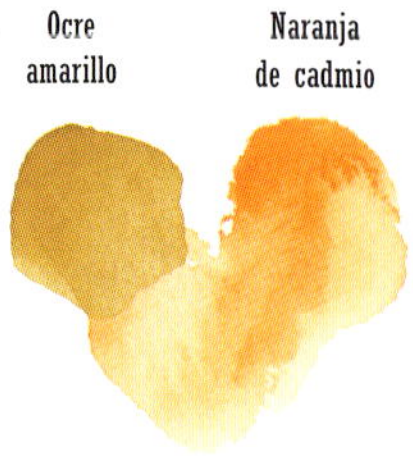

3 Los colores del melocotón

En este caso la fruta combina dos tonos fuertemente complementarios: el interior del melocotón presenta una tonalidad verdosa y toda la periferia es de color rojizo. Pintamos cada tono por separado para que la pintura no se mezcle y pierda su pureza. Con un pincel mediano aplicamos verde Hooker y, una vez seco éste, añadimos una mezcla de rojo y carmín.

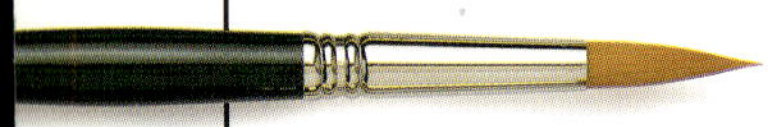

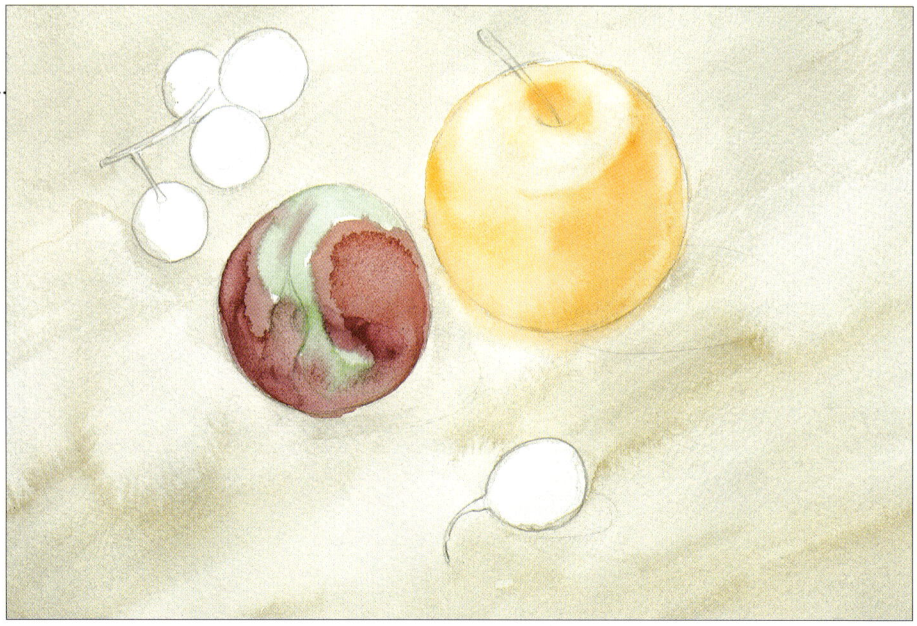

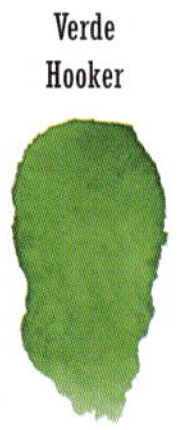

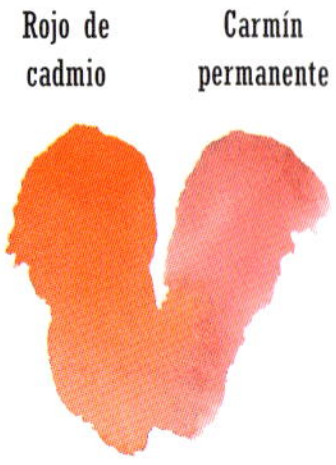

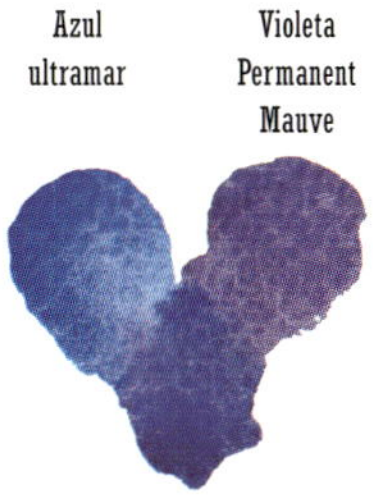

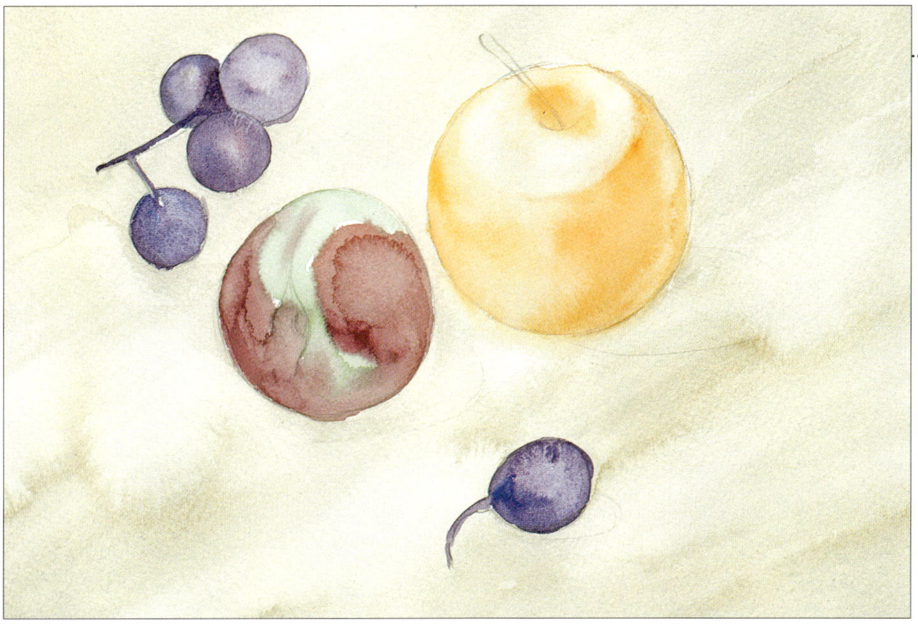

Pintamos las uvas

4

Las uvas aparecen como unos frutos extremadamente oscuros sobre un fondo claro. El artista debe emplear aquí su imaginación para encontrar el tono característico y distinguir con claridad cada grano. Mezclamos azul ultramar con violeta y con un pincel mediano distribuimos el color marcando los volúmenes con transparencias y perfilando las siluetas.

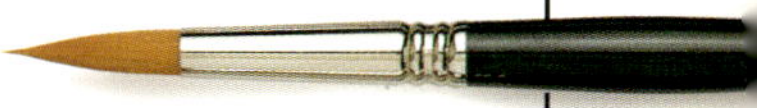

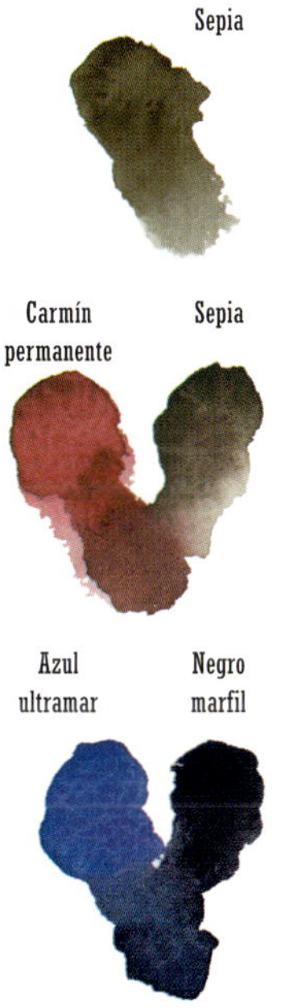

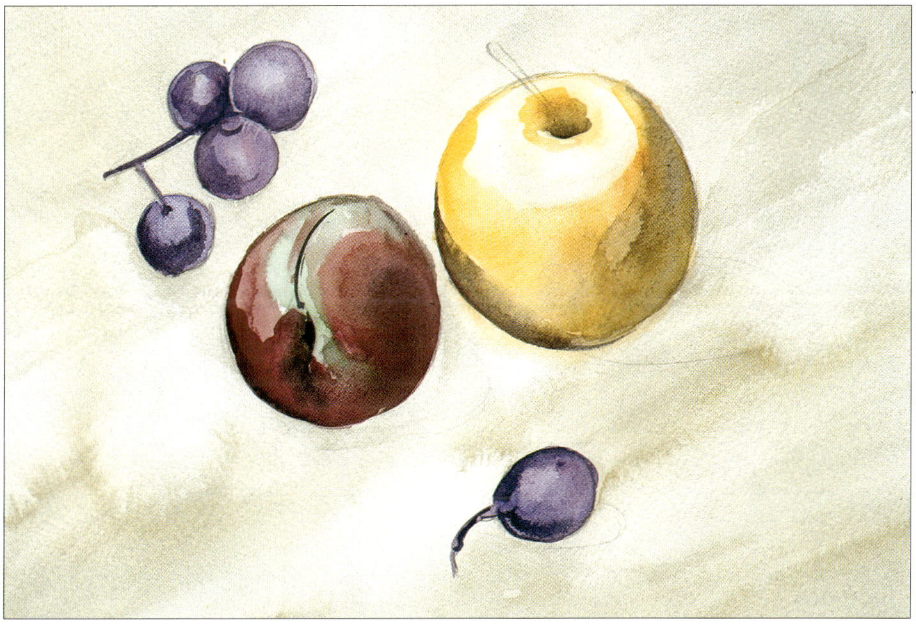

Contrastamos los frutos

5

Ésta es una imagen fuertemente contrastada, por lo que es momento de aplicar los oscuros, si bien integrándolos con los tonos ya empleados. Sobre la manzana incorporamos progresivas veladuras de sepia hasta conseguir el tono más intenso. En el melocotón, mezclamos carmín con sepia hasta encontrar una sombra integrada. Para las uvas, que ya son oscuras, mezclamos azul con negro, lo cual da un tono más denso.

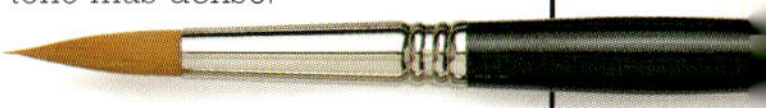

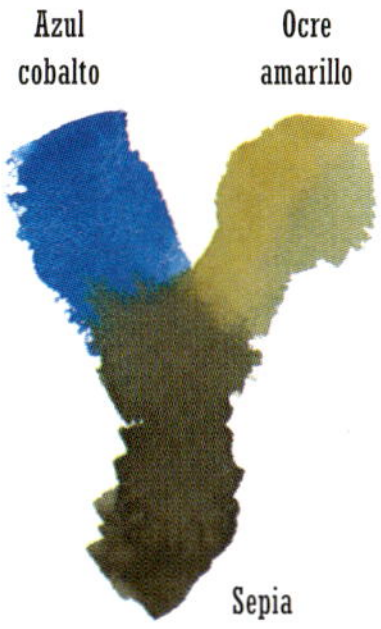

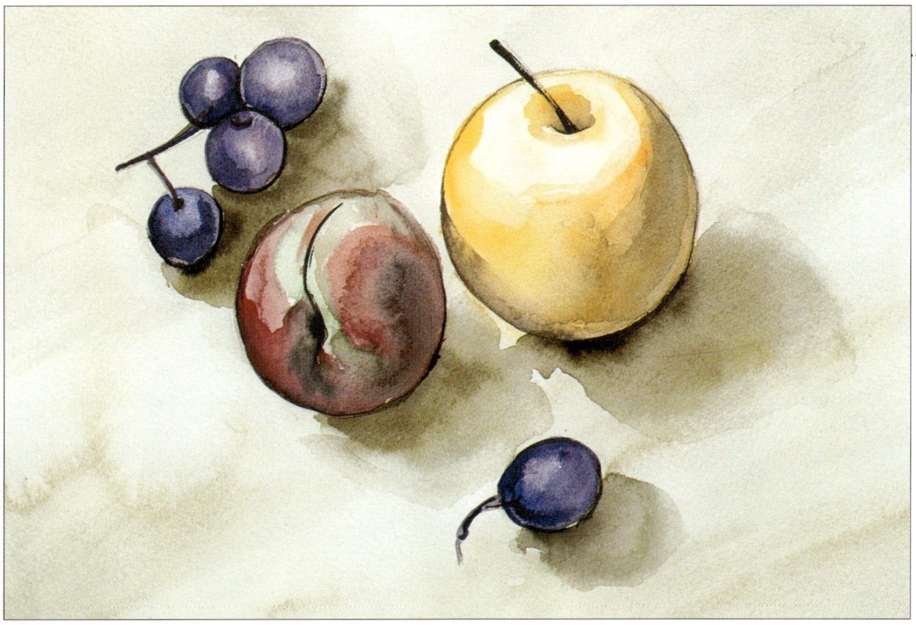

Detalles finales

6

Mezclamos azul cobalto, ocre y sepia para conseguir las sombras que proyectan los frutos sobre el fondo. Distribuimos el color con el pincel plano ancho, creando un degradado a partir del tono más oscuro debajo de las frutas. Con el mismo color y un pincel fino, reseguimos las siluetas de las frutas para destacar su perfil.

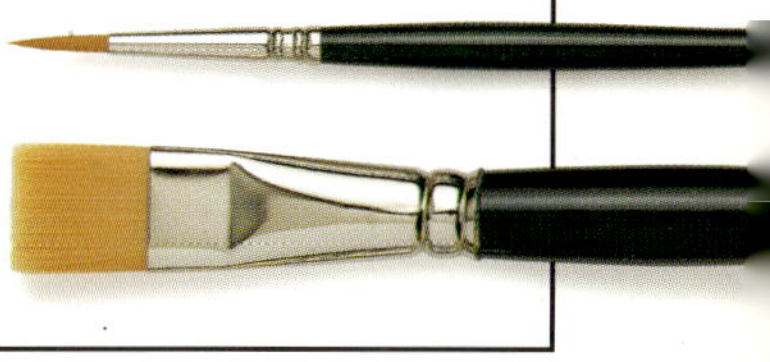

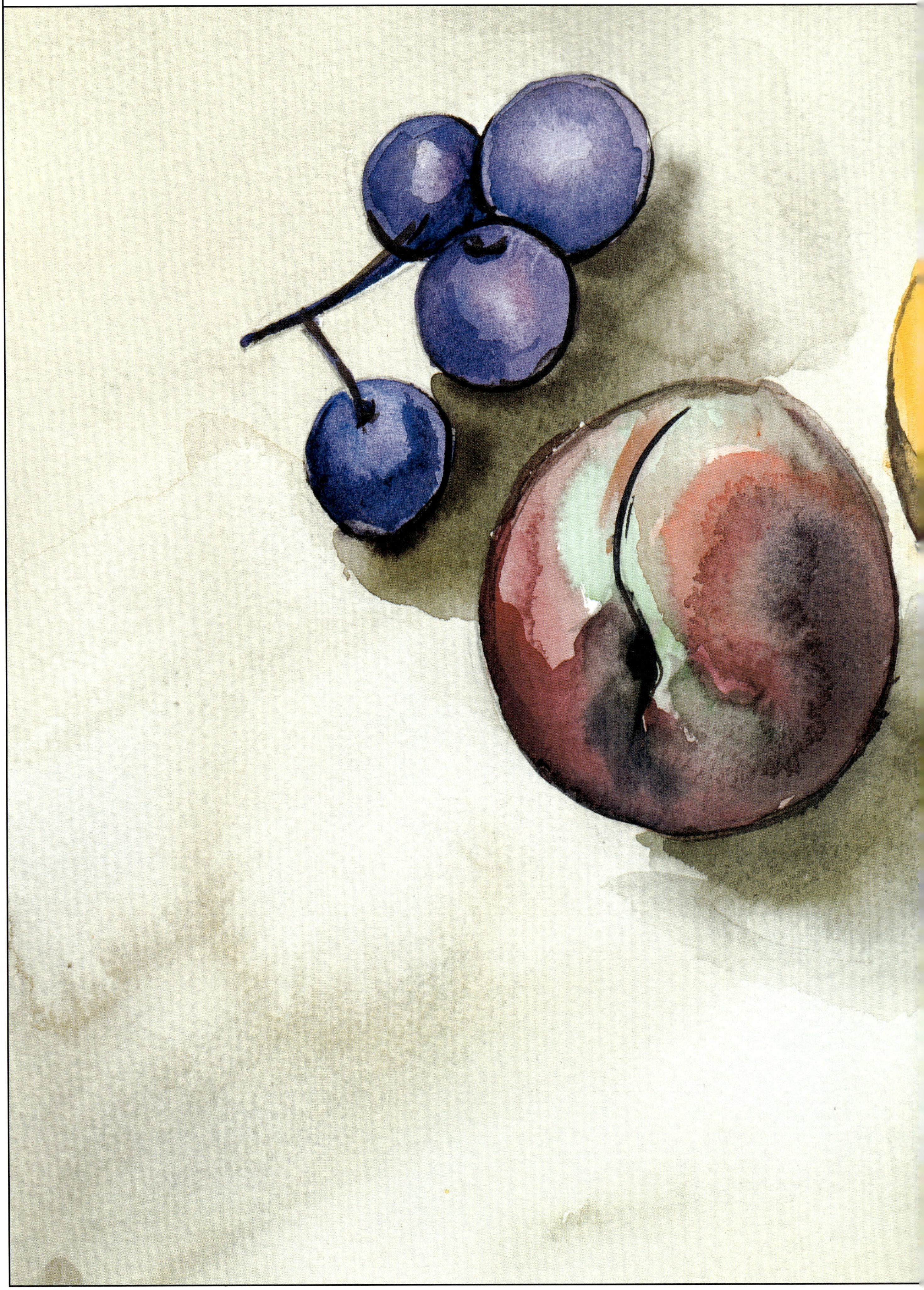

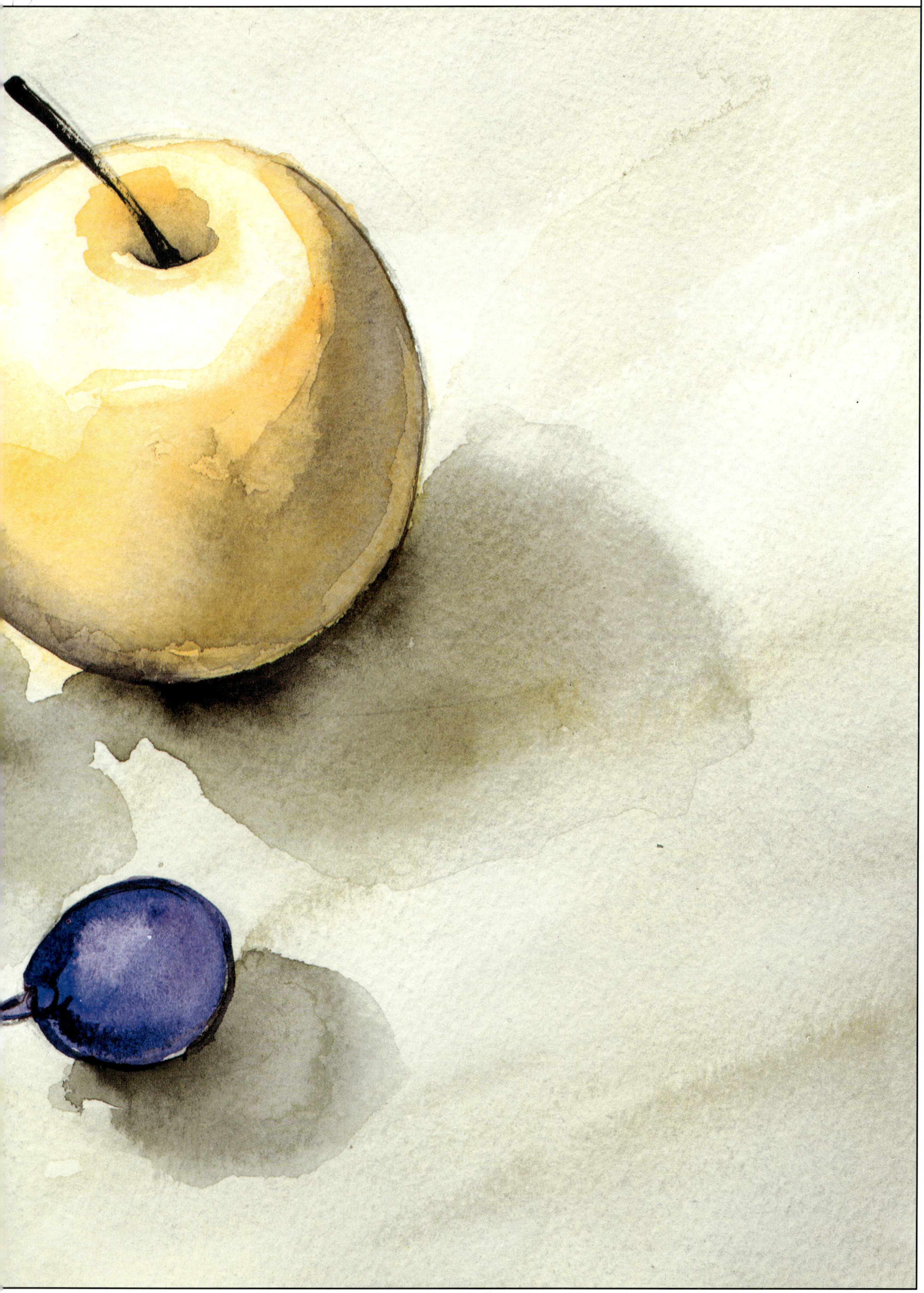

Una idea para el marco

Para este cuadro de estructura sencilla aunque variada de tonos proponemos un marco que enfatice el color y combine con él. El paspartú es sencillo, de color crema, para que armonice con la manzana y el fondo. Respecto al marco, elegimos uno de Santiago Arnau de color caoba oscuro, bastante amplio de forma, que le hace adquirir protagonismo y que combina con las frutas más oscuras.

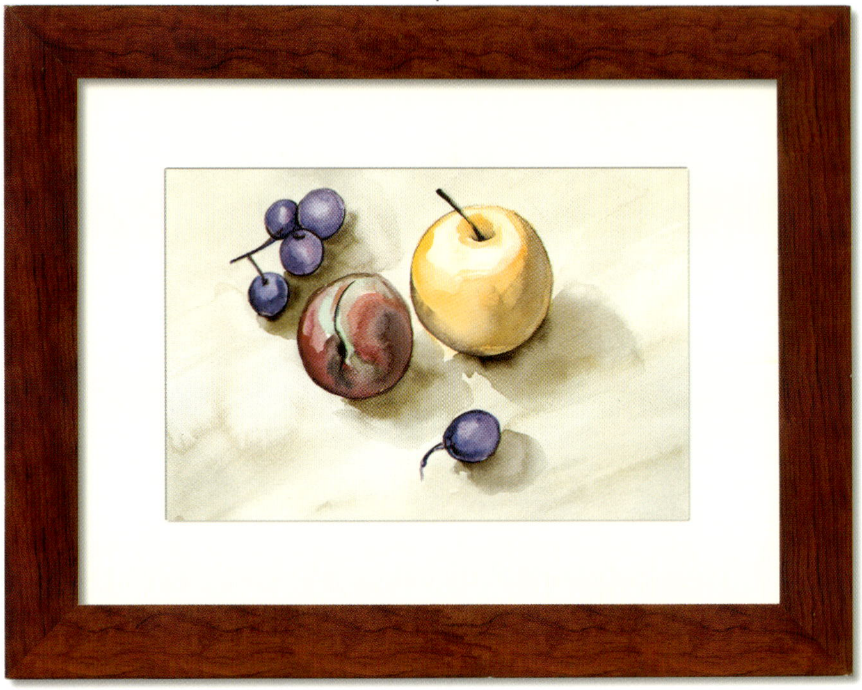

TRUCO

Antes de colorear las frutas nos aseguramos de que el fondo está seco para que los colores no se mezclen. También al colorear las sombras proyectadas, el color del fruto debe estar muy seco.

Los mangos del pincel

La parte que sostiene y mantiene el pincel suele realizarse en maderas ligeras que no tiendan a torcerse o perder su forma. El mango se comercializa barnizado, ya que es un utensilio constantemente expuesto al agua y su madera acabaría deteriorándose. En él aparece también la marca del fabricante, así como la enumeración del pincel, pues la diferencia entre mechones no siempre es evidente a simple vista. En cuanto a los materiales, no sólo los hay de madera, también se presentan de plástico o metacrilato, que no necesitan barniz, o de caña de bambú. En cuanto a su forma, los hay largos y cortos, para que el artista pueda trabajar a varias distancias, siendo los cortos más apropiados para los detalles. Los hay anatómicos, de muy fácil sujeción y manejo, que se adaptan a la mano, y también plegables, de fácil transporte.

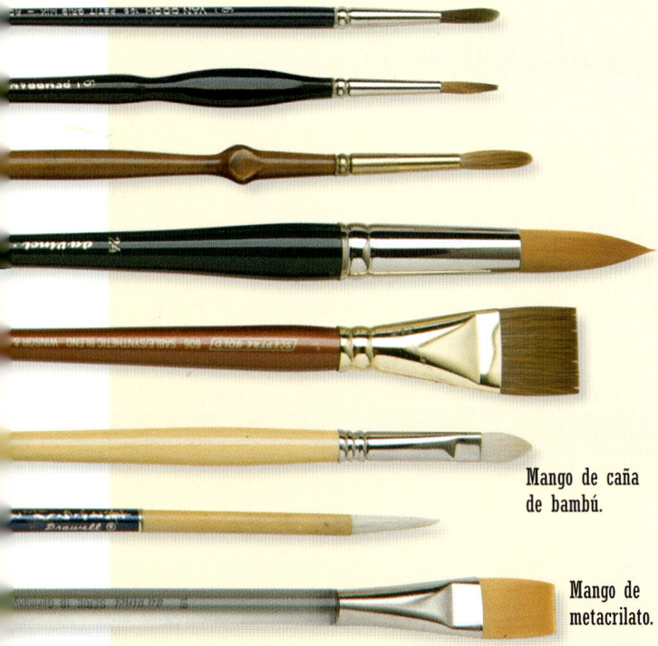

Mango de caña de bambú.

Mango de metacrilato.

Pinceles plegables provistos de un capuchón para proteger el pelo, también permiten trabajar a varias distancias en función de si se acopla o no la parte trasera.

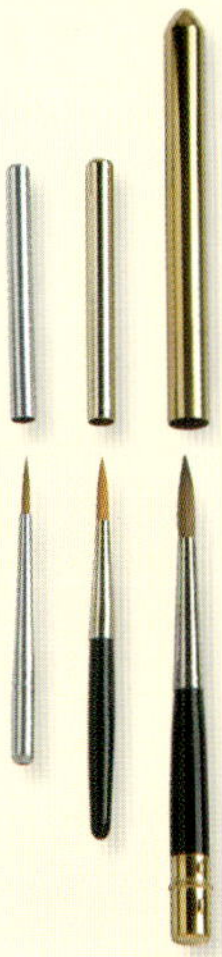

Crear un degradado amplio

Para pintar grandes espacios, ya sea de forma lisa o degradada, sólo hay que disponer de una buena dosis de agua y un pincel grueso. La oscuridad o transparencia del color es independiente, en ambos casos debemos trabajar con el pincel totalmente impregnado y la diferencia entre claro o intenso depende de la cantidad de pintura que mezclemos con el agua. En caso de realizar un degradado, saturamos el pincel de pintura y agua hasta conseguir un color intenso; después vamos aplicando agua limpia progresivamente y arrastrando parte del color, hasta obtener el color de base.

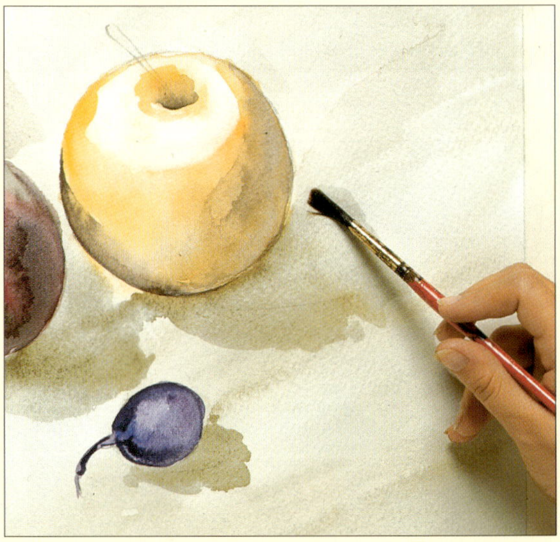

Hemos aplicado el color oscuro debajo de las frutas y vamos añadiendo agua con un pincel grueso hasta obtener la transparencia del color iluminado que constituye el fondo.

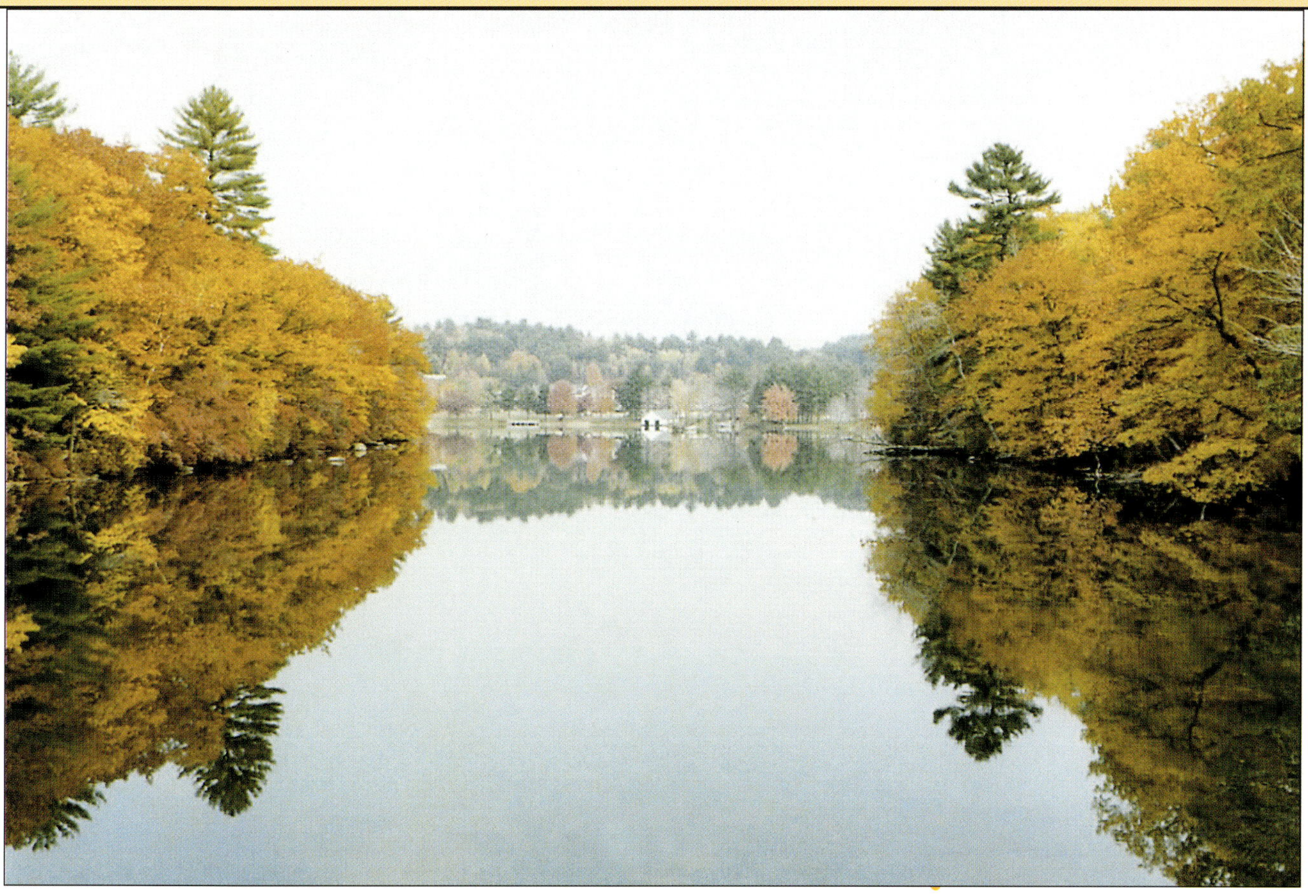

Reflejos en el lago

La belleza de los paisajes que combinan agua y vegetación se hace patente en esta imagen, donde el lago, al igual que un espejo, refleja todos los elementos de la tierra creando una vista en la que se pierde el horizonte.

El horizonte

Es la línea imaginaria que separa el cielo de la tierra como si se tratara de dos planos que se cortan. Evidentemente, es un efecto óptico que depende de la distancia que alcanza nuestra visión. En espacios amplios, como ante una gran llanura o ante la magnitud del mar, la línea del horizonte se encuentra claramente expuesta, allí donde nuestra vista alcanza en distancia. En otras ocasiones, el horizonte queda oculto por haber objetos más cercanos que nos esconde la lejanía. En este caso, la línea del horizonte la representa el límite del lago; nuestra visión coincide con este límite y, por tanto, todos los elementos se representan a partir de él. Las líneas que establecen los diversos planos deben converger en el centro, pero tratándose de planos muy distantes, las masas arbóreas a ambos lados de la imagen siguen una tendencia casi recta.

Los reflejos planos

En los estanques y lagunas, el agua permanece en una calma constante y una planitud espectacular. Cuando el clima es adecuado y el viento no interviene, el agua está quieta y refleja los objetos con la misma nitidez que un espejo. Es curioso observar los efectos que se producen en estas circunstancias, pues las formas aparecen mediante una representación doble e inversa que resulta sumamente artística desde el punto de vista pictórico y fotográfico. No es sencillo representar este tipo de imágenes, ya que si no se interpretan correctamente pueden resultar engañosas; no se trata de repetir el escenario de la superficie sobre el agua, sino de identificarlo, pero tratando ambos medios de distinta manera, pues, sin duda, los reflejos presentan formas más abstractas e inconcretas que sus imágenes reales.

Los pinceles

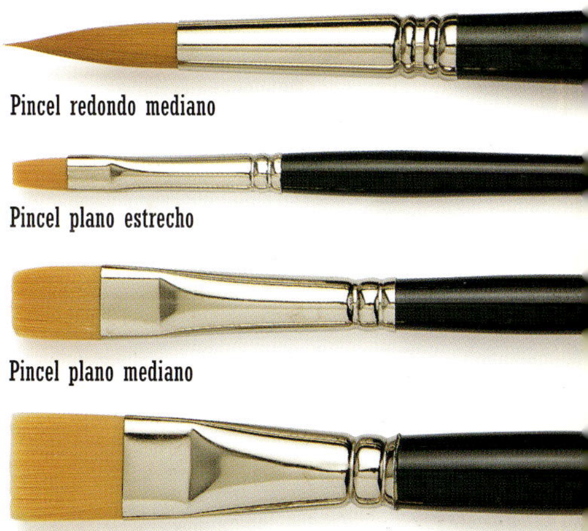

Pincel redondo mediano

Pincel plano estrecho

Pincel plano mediano

Pincel plano ancho

Los colores de la paleta

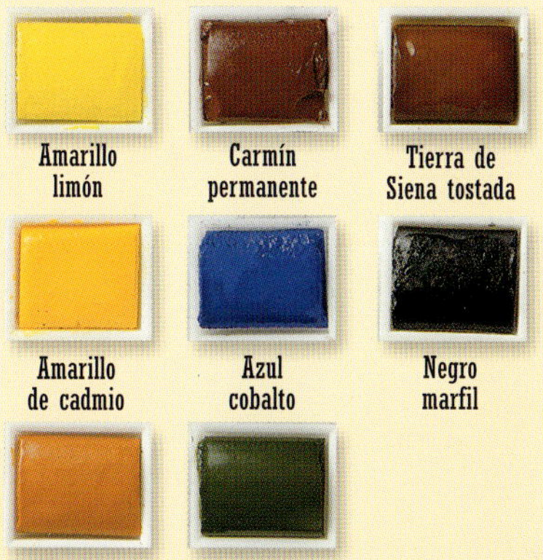

Amarillo limón

Carmín permanente

Tierra de Siena tostada

Amarillo de cadmio

Azul cobalto

Negro marfil

Naranja de cadmio

Verde vejiga

1 Manchamos las zonas libres

Empezamos a rellenar las superficies más despejadas, el cielo y su reflejo sobre el lago. Para ello creamos un degradado muy amplio con un pincel ancho y lo hacemos ir de arriba abajo y viceversa. Empleamos un azul cobalto quebrado con algo de tierra de Siena tostada y añadimos una buena carga de agua para volver el color muy transparente.

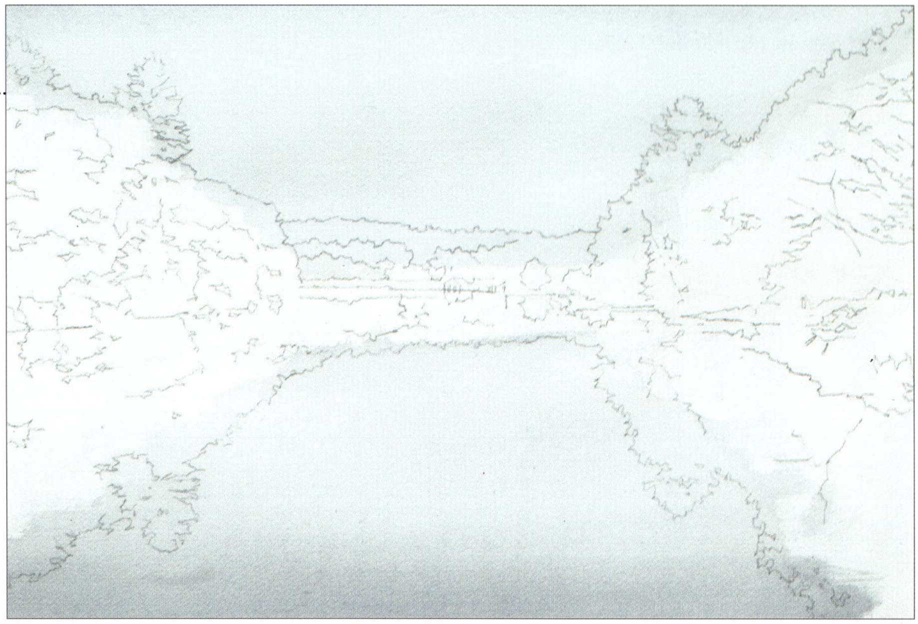

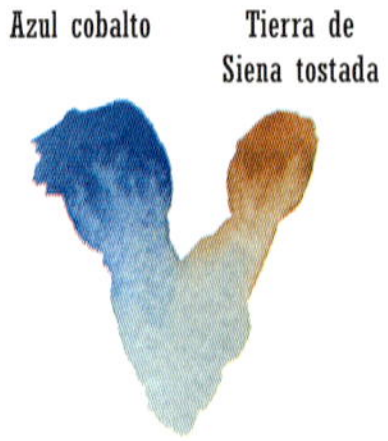

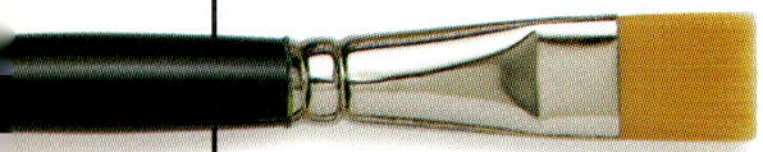

2 Manchas cálidas

Establecemos unas manchas generales de amarillo de cadmio y naranja sobre los árboles de ambos lados de la imagen, tanto en el agua como en el aire. Utilizamos un pincel ancho que cubre grandes superficies para crear el color del cielo y su reflejo.

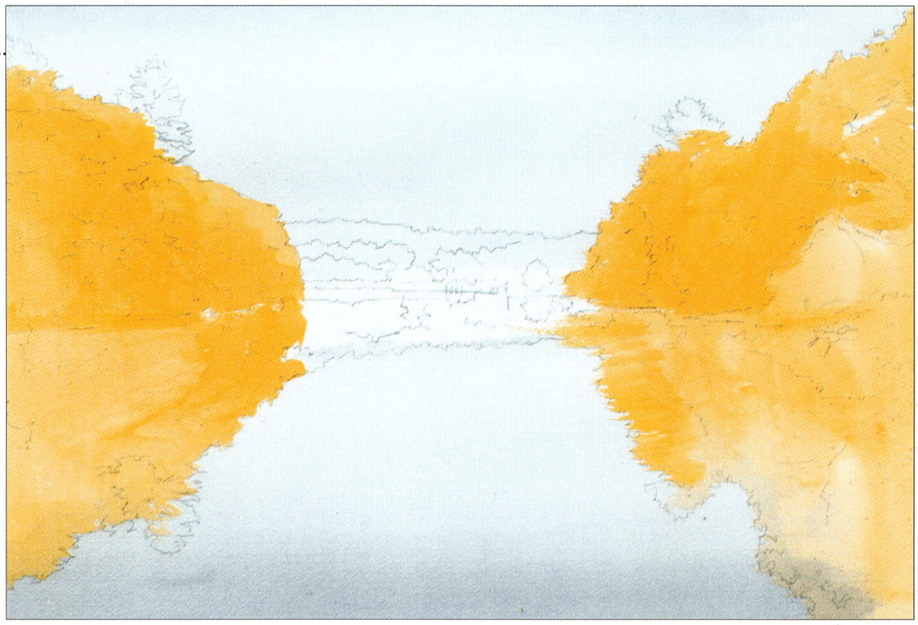

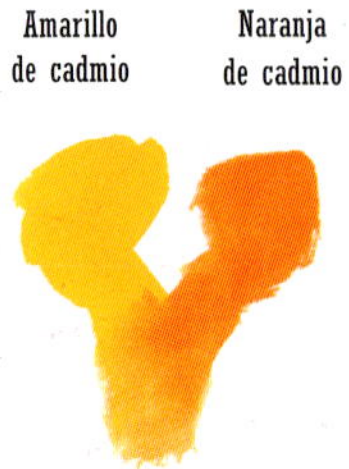

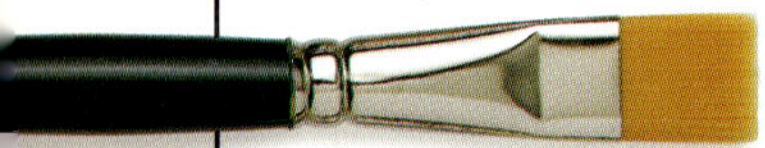

3 Empezamos a colorear la lejanía

Los árboles y casas del fondo presentan tonalidades mucho más neutras que la vegetación que circunda el lago. Para empezar a colorear dichos tonos empleamos una mezcla de amarillo limón y azul cobalto, con bastante carga de agua para que el color sea transparente y se vea distante.

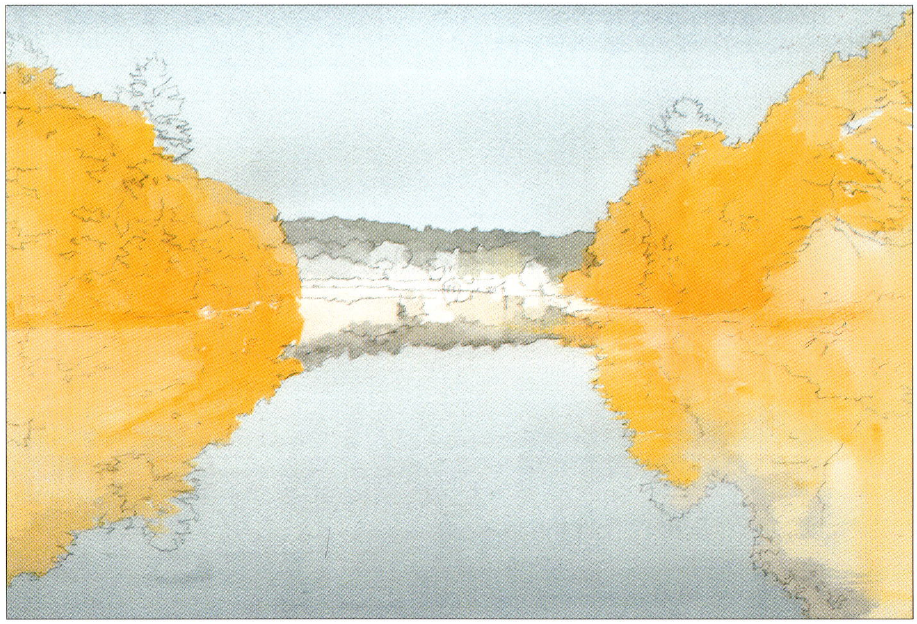

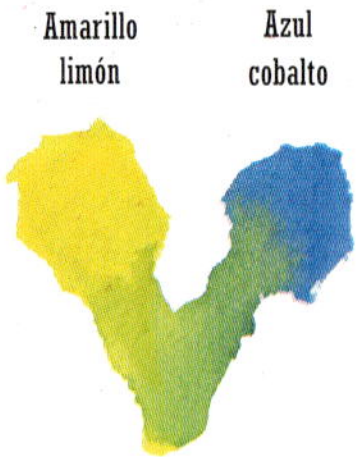

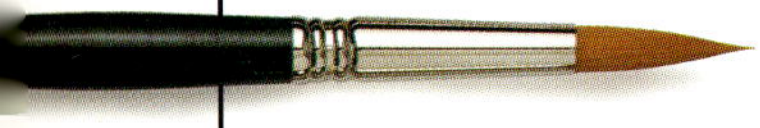

Amarillo de cadmio

Negro marfil

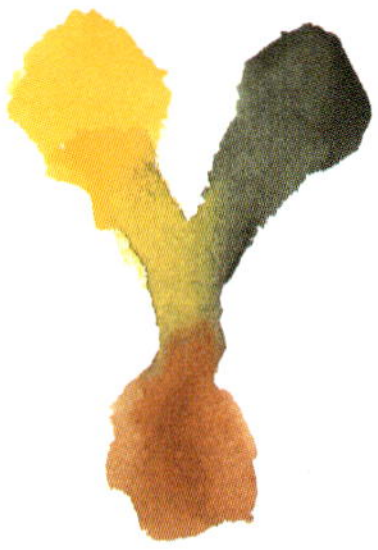

Tierra de Siena tostada

Azul cobalto

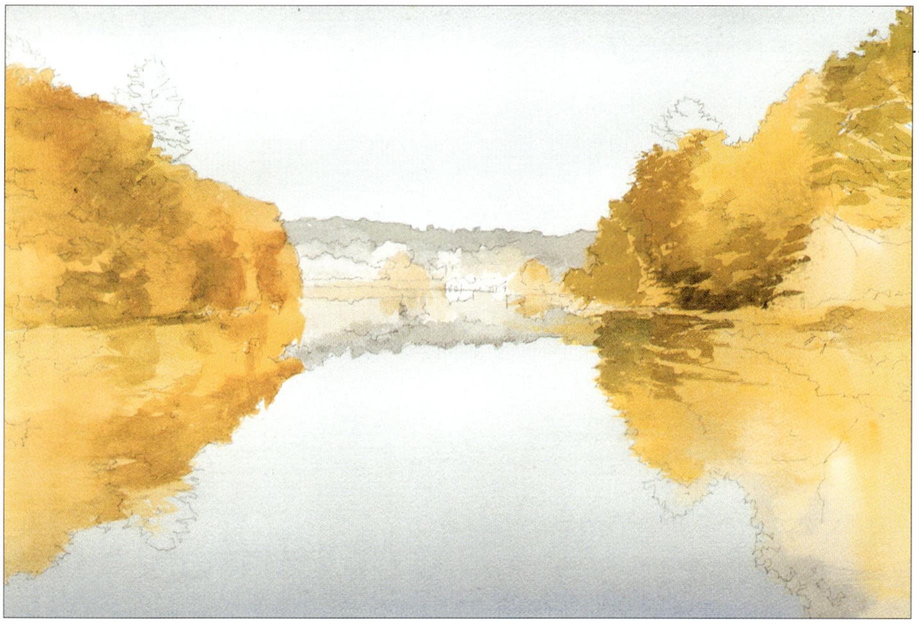

Primeros matices

4

Una vez establecidas las manchas generales añadimos los detalles en la textura de los árboles con un pincel plano mediano o una esponja. Por un lado, oscurecemos algunos tonos cálidos añadiendo al amarillo alguna carga de Siena tostada y negro e imitando con pinceladas cortas la textura de las hojas. Para conseguir los tonos verdes realizamos el mismo proceso pero con una simple veladura de azul cobalto sobre el amarillo de fondo.

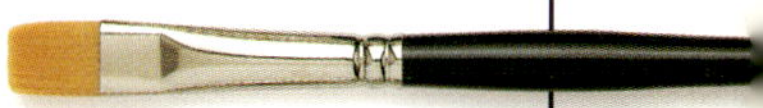

Carmín permanente

Negro marfil

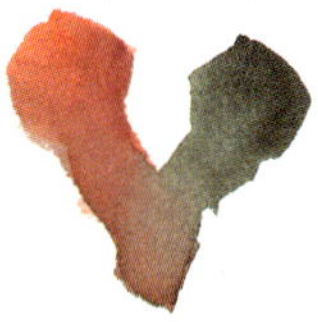

Naranja de cadmio

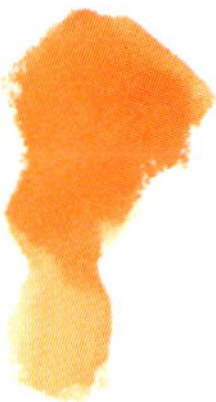

Verde vejiga

Azul cobalto

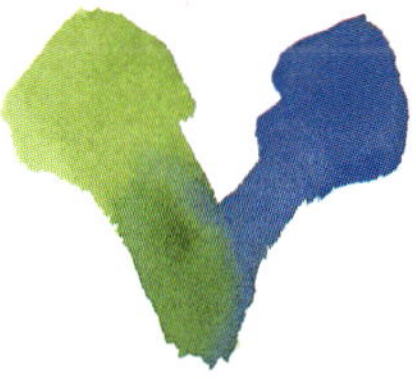

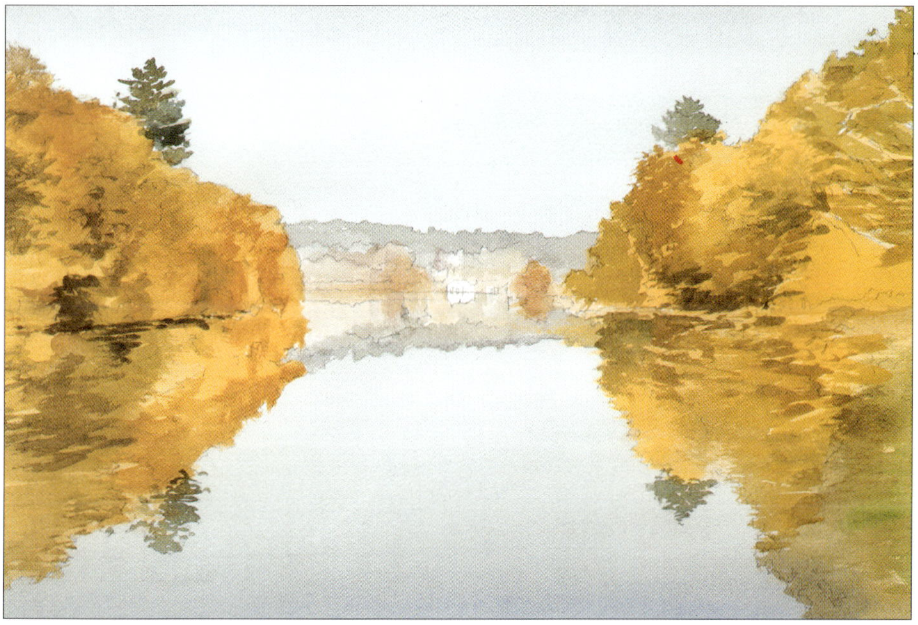

Detallamos texturas

5

Con un pincel fino definimos las matas de árboles y creamos el contraste de claroscuro que procede. Por un lado, mezclamos carmín y negro para crear zonas muy oscuras que dotan de relieve al superponerlos al amarillo. También enriquecemos algunos tonos añadiendo naranja de cadmio puro y vivo. En las zonas más verdosas hacemos un degradado con un pincel mediano a partir de verde vejiga combinado con azul.

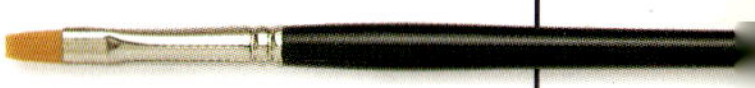

Azul cobalto

Negro marfil

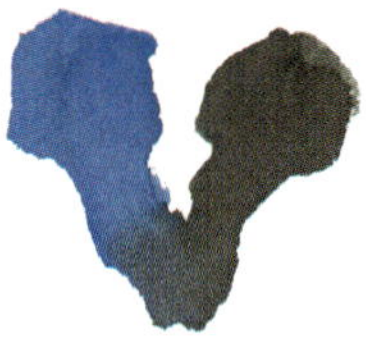

Verde vejiga

Naranja de cadmio

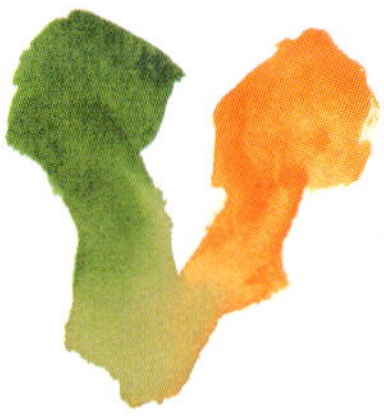

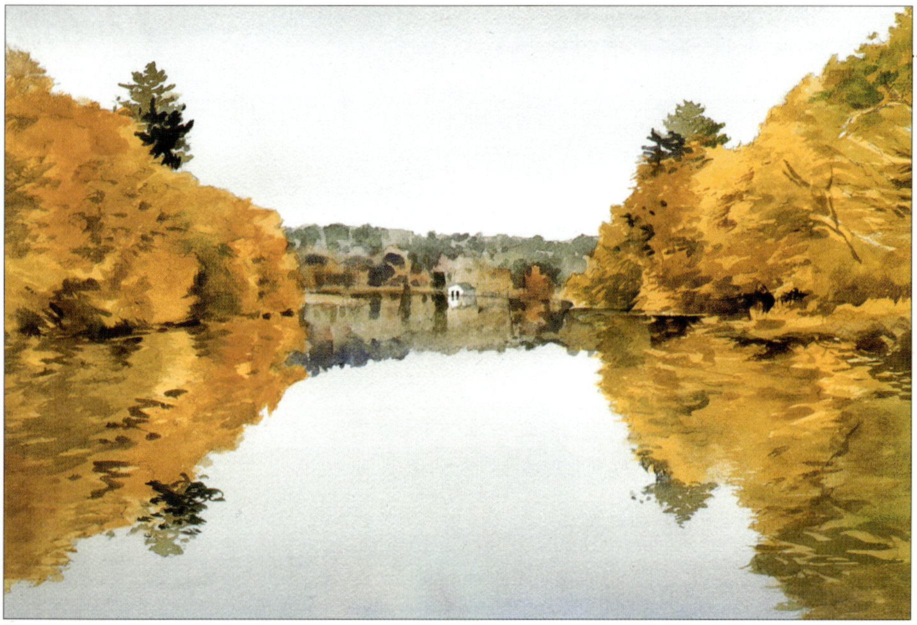

Finalizamos la obra

6

Para terminar, establecemos los últimos contrastes en los árboles y en la lejanía. Con el pincel redondo y repetidas mezclas de azul y negro reforzamos aquellos verdes que lo requieren y definimos algunas casas y árboles lejanos. Con pincel plano y una mezcla de verde y naranja creamos más riqueza en la textura de la vegetación, tanto en el aire como en los reflejos del agua.

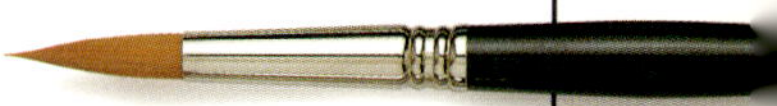

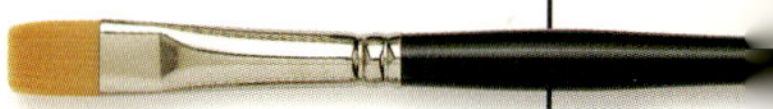

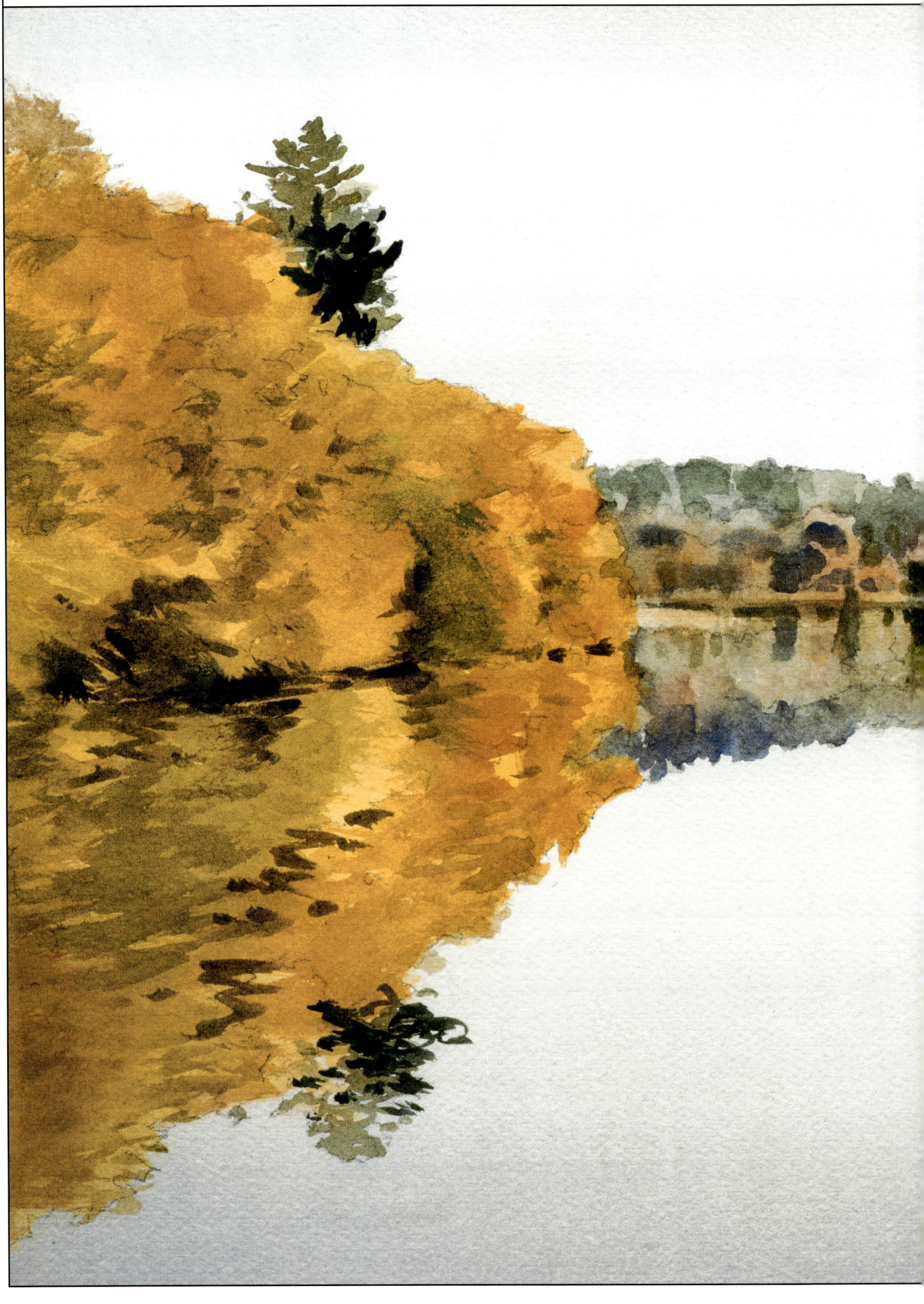

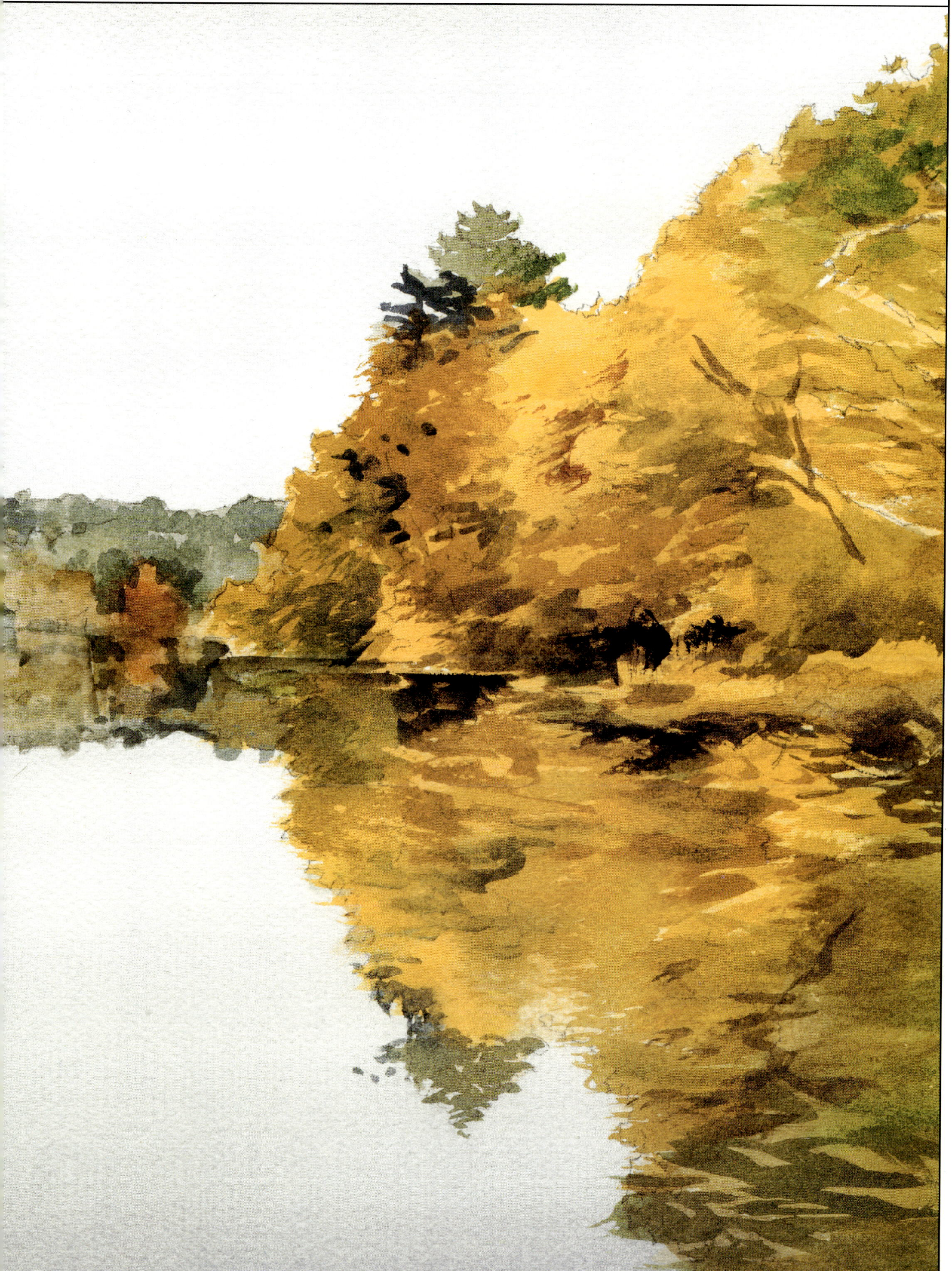

Una idea para el marco

Para enmarcar este cuadro buscamos de nuevo los colores cálidos y vivos que caracterizan a su vegetación. Un paspartú amplio y blanco nos dará más espacio a la propia imagen, de forma que los márgenes no aparezcan tan recortados. En cuanto al marco, elegimos uno bastante fino que no desvirtúe la fuerza de la obra pero que la acompañe a nivel cromático. Optamos por uno de color rojizo que refuerza los colores de la composición.

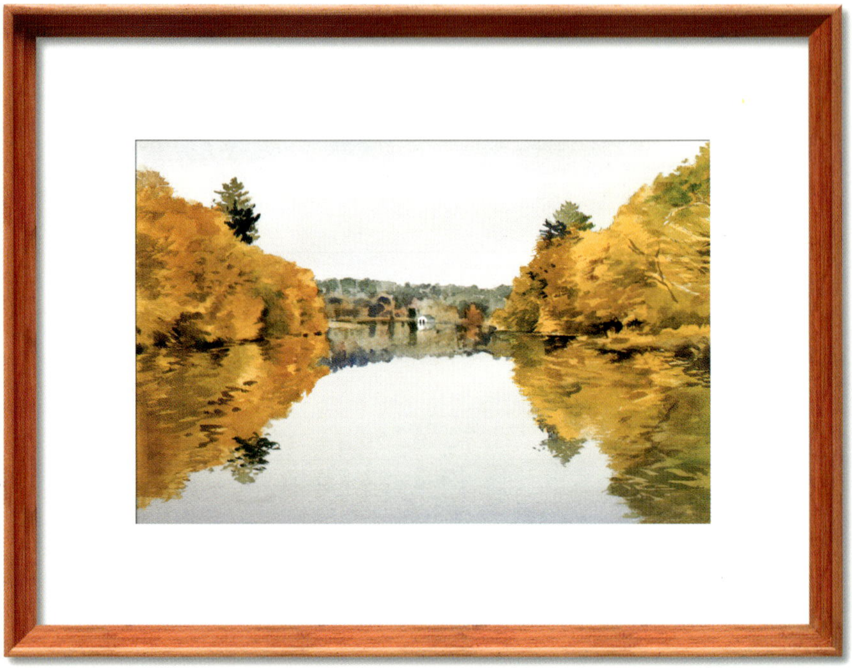

TRUCO

Las mezclas que utilicemos para crear el fondo de la imagen no deben ser tan intensas como las del resto de planos; así pues, el azul cobalto o el Siena se emplearán bastante disueltos, sólo con ello conseguiremos un verdadero efecto de lejanía.

Papeles especiales

Los papeles de acuarela propiamente dichos, con independencia de su calidad, poseen un porcentaje de algodón que absorbe el agua y los vuelve el medio ideal para retener y fijar el color en su superficie. Los papeles corrientes y de uso escolar están hechos de celulosa y apresto sintético, pero no contienen algodón, por lo que con ellos no se consigue el mismo efecto que con los papeles profesionales. El apresto es un baño de cola que se le da a la superficie para retener el color a fin de que éste no penetre hasta el fondo y lo arrugue; cuando un papel no posee esta característica sólo puede emplearse para trabajos abstractos y de colage. También hay papeles satinados, propios de ilustradores gráficos. Su superficie es totalmente lisa y repele mucho la humedad; al no retener el agua se seca enseguida, lo que produce que los trazos queden marcados y dificulten crear degradados y fundidos.

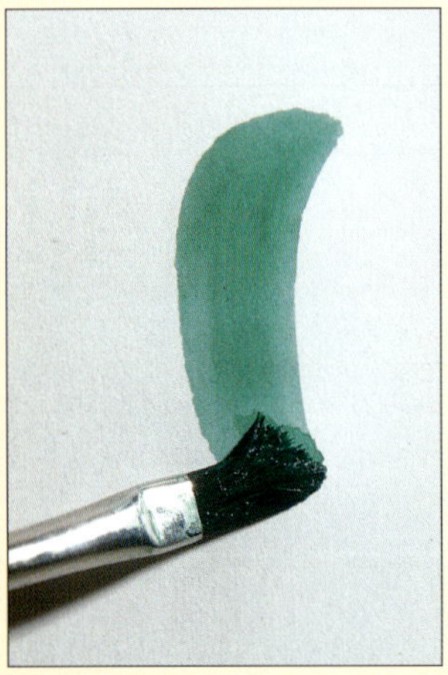

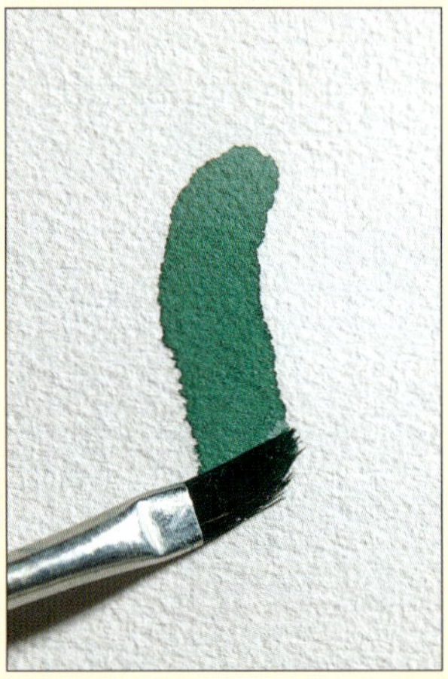

En el papel satinado el pincel manifiesta todo su rastro y no se funde con el fondo; tal vez por ello es recomendable un tipo de trabajo de precisión. En el papel de algodón (derecha), en cambio, la pincelada se funde.

Uso de la esponja para crear texturas

La esponja no es un buen aliado de los trabajos de precisión y los perfiles concretos, aunque sí puede resultar de gran utilidad para otros fines globales. Aparte de su buen uso para fondos planos y lisos así como para lavar el papel, con ella se pueden establecer texturas y sugerir formas. Su relieve abrupto y sus desniveles favorecen que, una vez tintada la superficie, sea muy eficaz aplicarla para representar vegetaciones. Aplicar la esponja húmeda y coloreada sobre el papel produce un punteado fino muy indicado para imitar las formas de las hojas lejanas. Si además combinamos varios colores veremos con qué sencillez se consiguen los moteados multicolor, tan atrayentes a nivel pictórico.

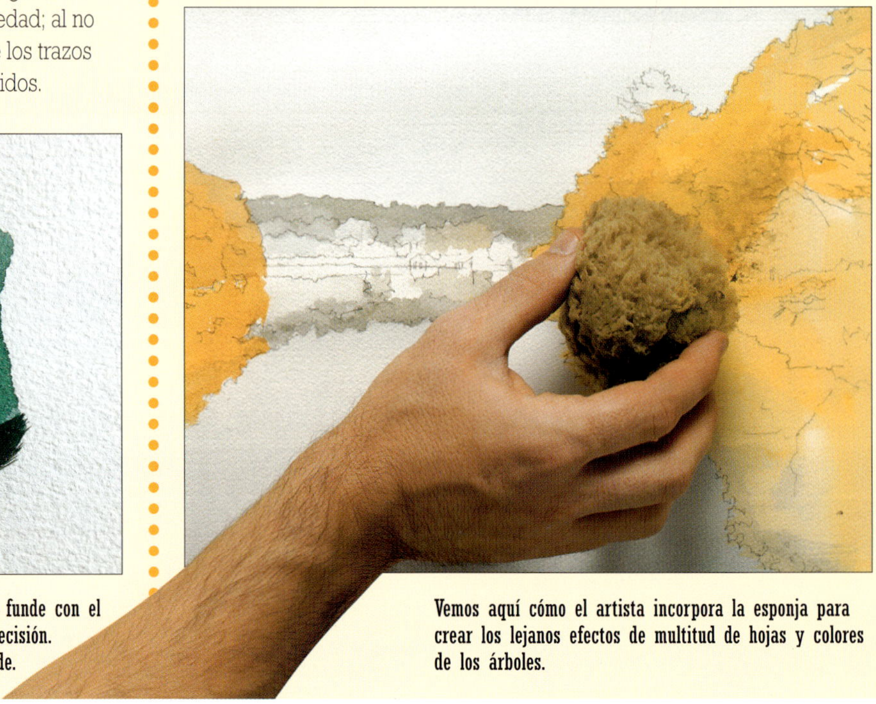

Vemos aquí cómo el artista incorpora la esponja para crear los lejanos efectos de multitud de hojas y colores de los árboles.

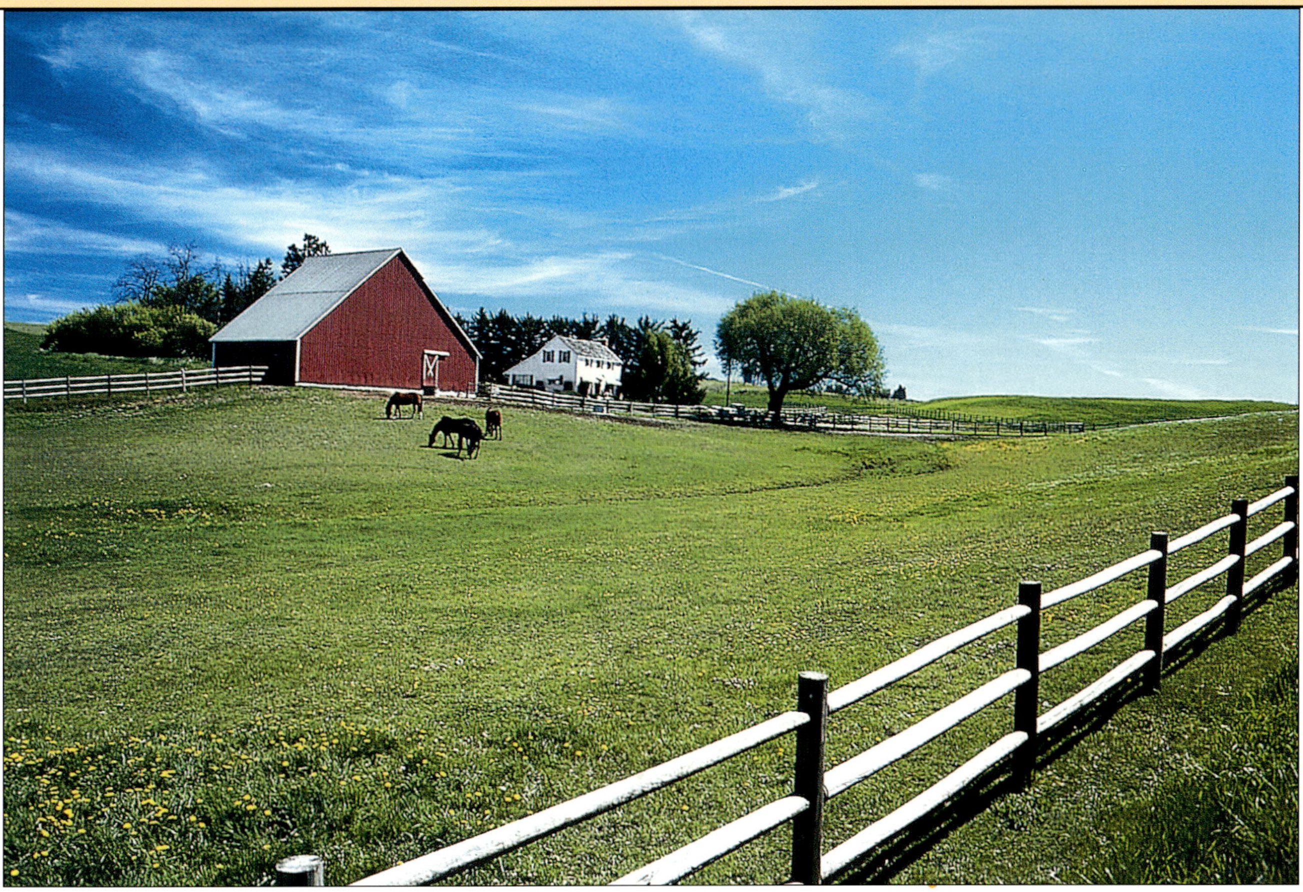

Paisaje rural

Las escenas campestres constituyen una temática importante en la historia del arte. Son muchos los artistas que se han dejado deslumbrar por la sencillez de las plácidas y tranquilas escenas rurales y las han plasmado en sus lienzos.

Las llanuras

De la multitud de formas que aparecen en la naturaleza, resultan especialmente fascinantes las llanuras despejadas donde se observa con total nitidez el cielo y la tierra. En ellas, la línea horizontal adquiere un gran protagonismo y todas aquellas formas que resurgen en ella, como árboles y casas, deben ser detenidamente estudiadas, ya que rompen con la horizontalidad. El horizonte es, sin duda, la línea de referencia y el resto de formas, como la valla del primer plano, son elementos que se distribuyen en diagonal y refuerzan la idea de distancia del último plano. Las llanuras poseen una simplicidad aparente que resulta engañosa, pues no se trata de planos lisos que se unen, sino que cada término se trabaja con distinta intensidad para explicar el detalle progresivo que adquieren los elementos a medida que se aproximan a nuestro punto de vista.

El arte del paisaje rural

El paisaje, en general, reúne las características idóneas para manifestar nuestras emociones a través de la naturaleza. Los paisajes rurales cuentan además con la ventaja de mostrar todo tipo de vegetación y colorido, lo que sin duda estimula nuestra capacidad artística. Las zonas campestres acostumbran a ser solitarias, y nos proporcionan una paz y tranquilidad absolutas al pintar, condiciones muy distintas de aquéllas a las que nos somete el paisaje urbano. Los grandes paisajistas del siglo XIX pintaban al aire libre, captando directamente la esencia del color y la luz del natural. Sin embargo, la luz natural cambia en función del movimiento del Sol, y hay que estar preparado para ello. Una cámara fotográfica es de gran ayuda al pintar paisajes, ya que con ella captamos el instante; no obstante, la mayoría de matices se pierden, pues nuestra visión siempre reúne más detalles de color y de luz.

Los pinceles

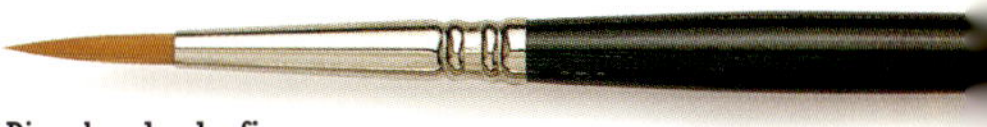

Pincel redondo fino

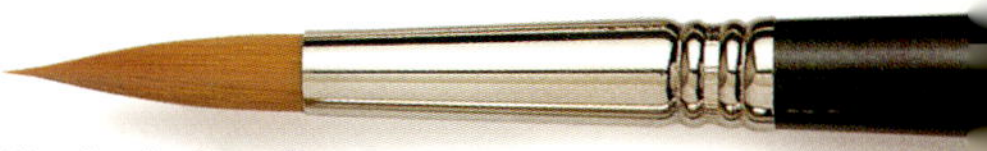

Pincel redondo mediano

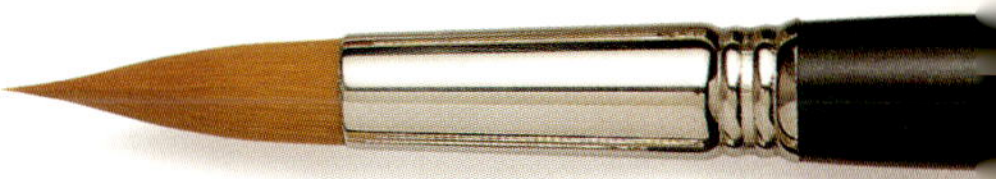

Pincel redondo grueso

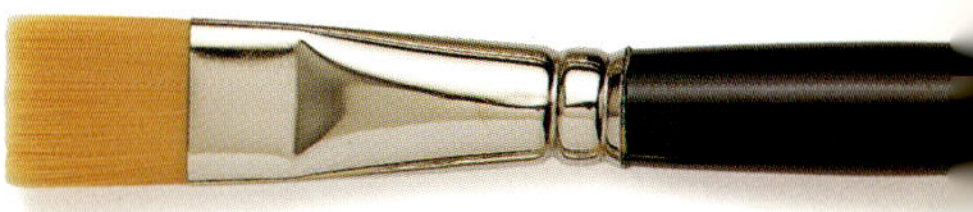

Pincel plano ancho

Los colores de la paleta

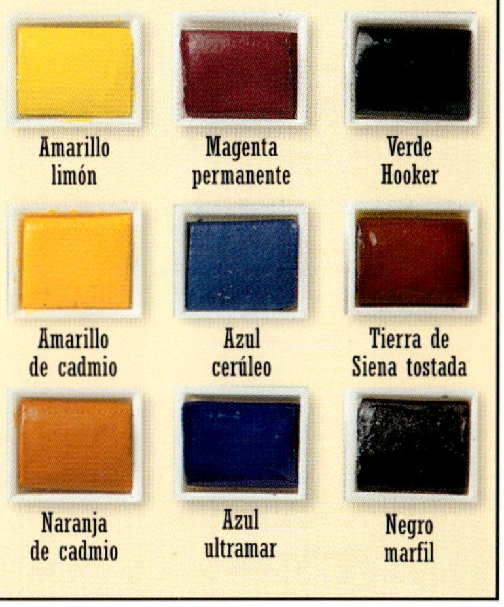

1 Pintamos el cielo

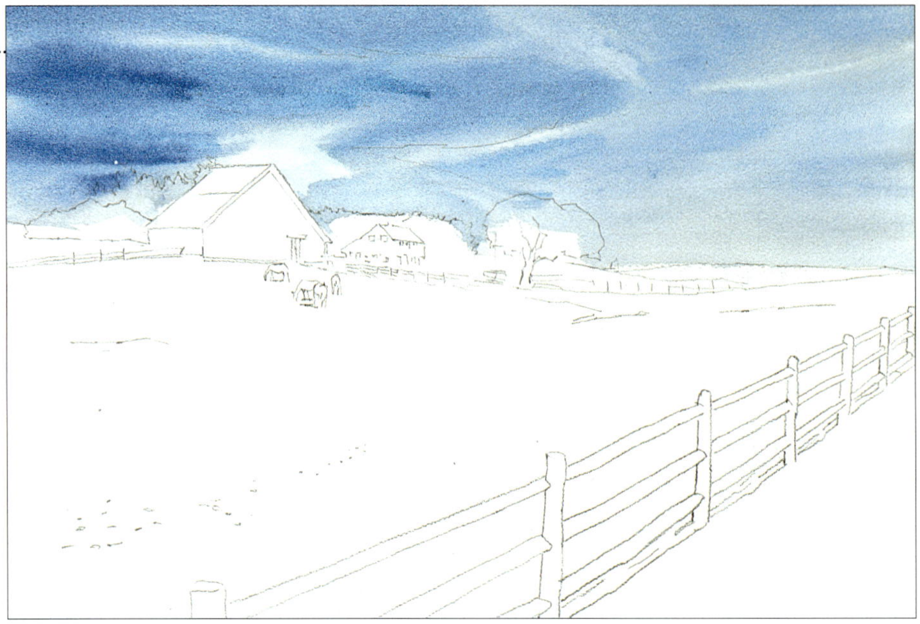

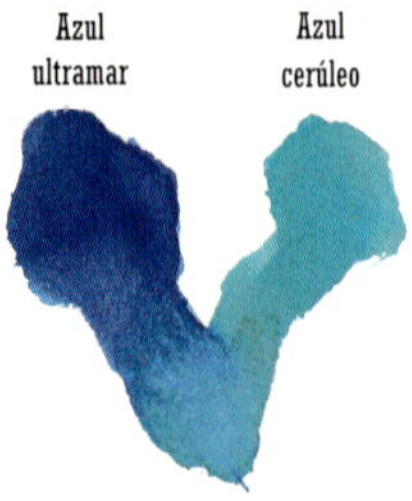

Coloreamos el cielo con un azul frío, derivado de una mezcla de cerúleo y ultramar. La extensión es grande, por ello distribuimos el color con un pincel grueso. No buscamos una mancha uniforme sino que extendemos el azul mediante formas que sugieran la presencia de nubes.

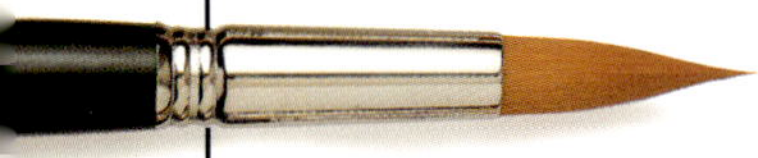

2 Incorporamos tonos verdes

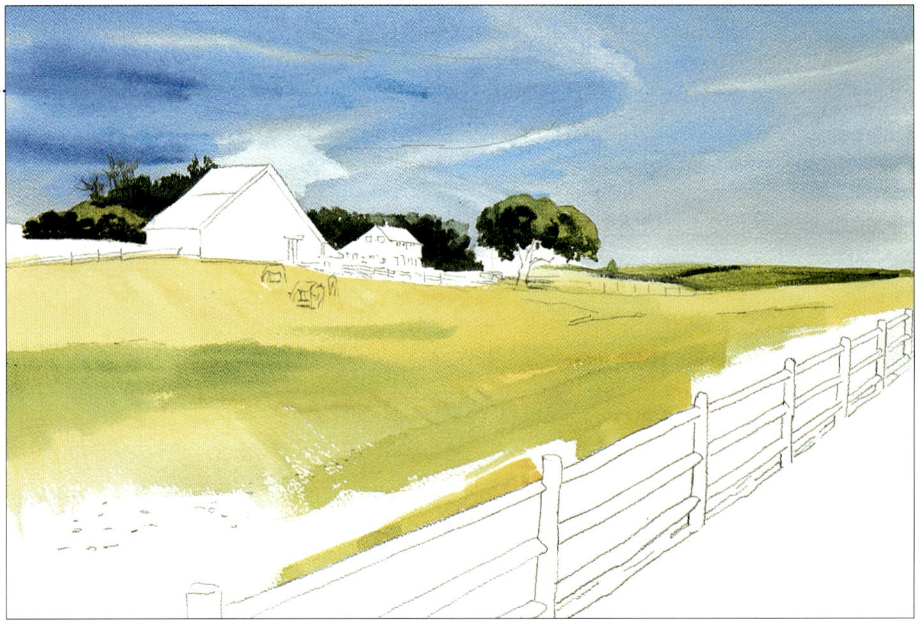

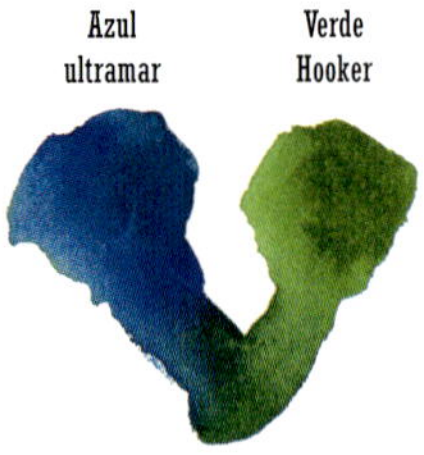

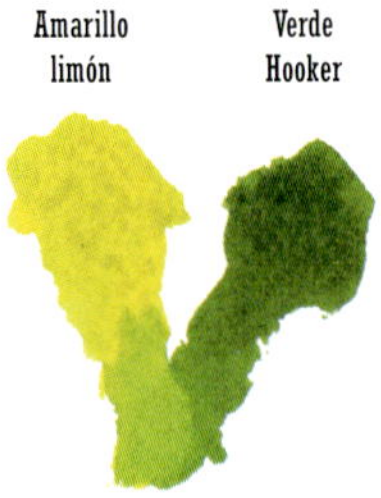

Manchamos parte de la lejanía y la llanura con los primeros impactos de verde. En la lejanía realizamos varios toques con un pincel fino para trabajar los árboles, combinando ultramar con verde Hooker para conseguir los tonos más oscuros. En la llanura aplicamos manchas amplias con un pincel grueso cargado de una mezcla de amarillo limón y verde Hooker.

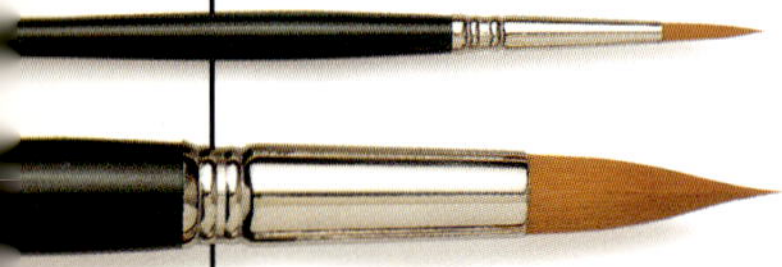

3 Finalizamos la hierba

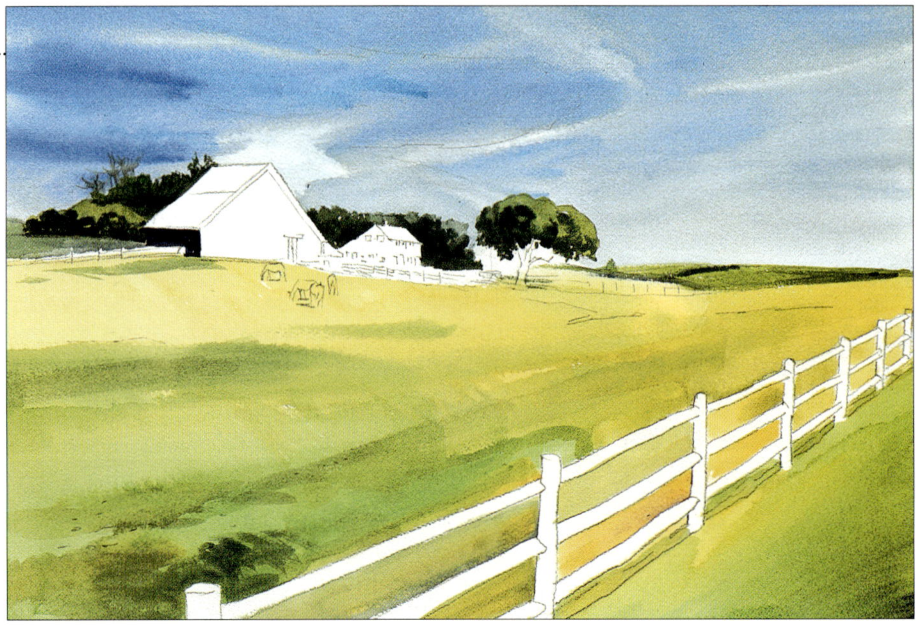

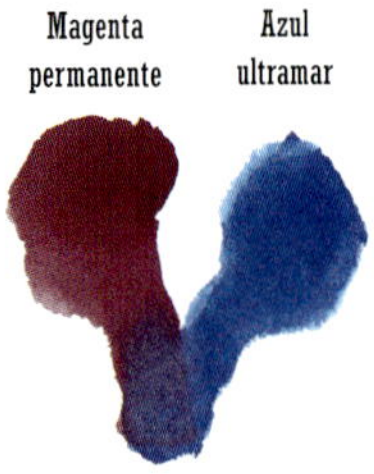

Tras reservar la zona de la valla, por ejemplo con una regla, trabajamos los primeros planos de hierba. En algunos espacios aplicamos más carga de amarillo para dar mayor calidez, en otros más cantidad de verde. Sobre el color seco, añadimos una veladura suave de lila hecha con magenta y azul ultramar para conseguir tonos más quebrados.

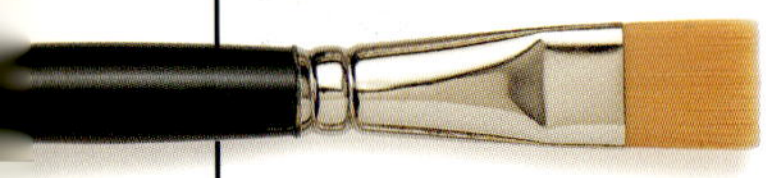

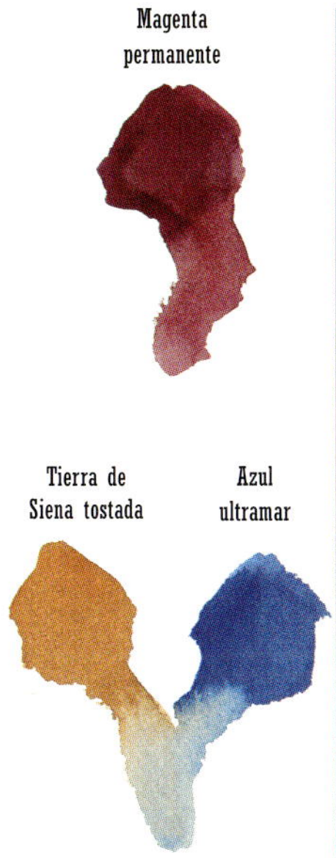

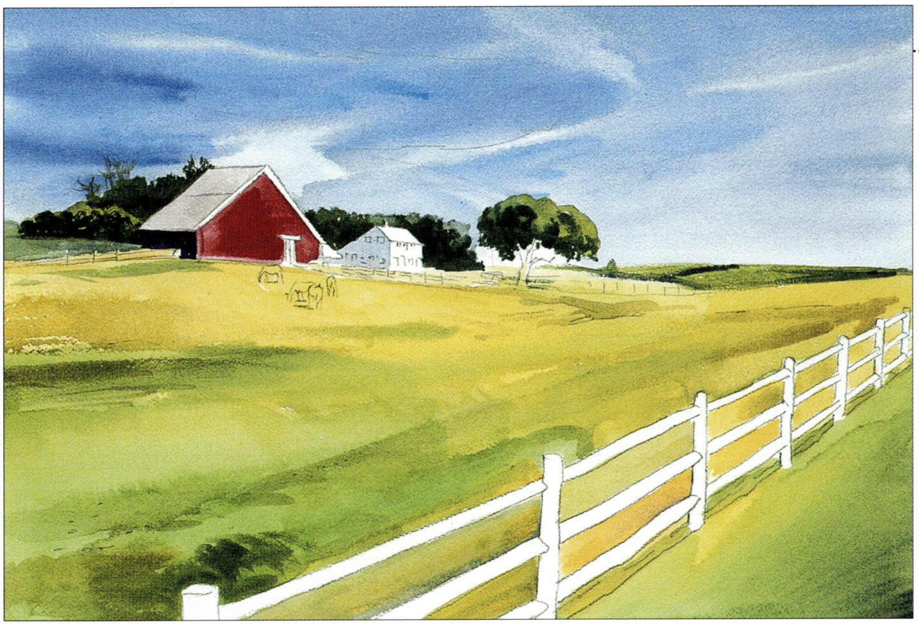

Manchamos las casas

4

Realizamos las manchas y detalles de la lejanía con un pincel fino que nos permite concretar mejor las formas. Empleamos una tonalidad magenta muy saturada para las paredes de la casa más grande y otra mucho más aguada para el tejado. Para la casa pequeña usamos una mezcla de tierra de Siena y azul ultramar, pero en diversas proporciones según sea en el cálido tejado o en la pared fría.

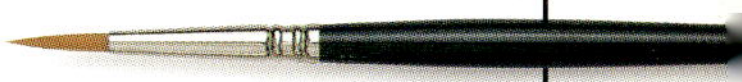

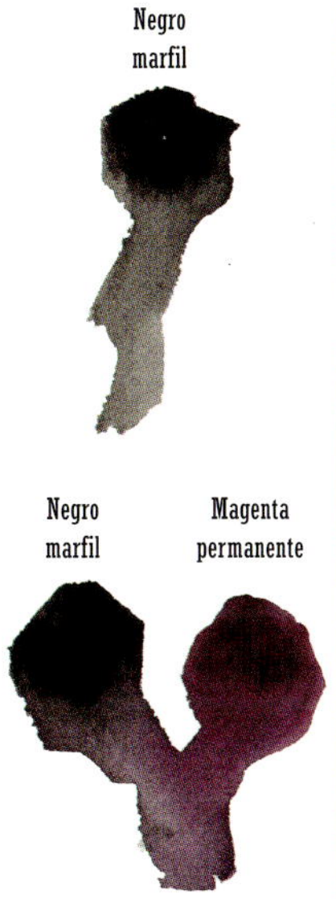

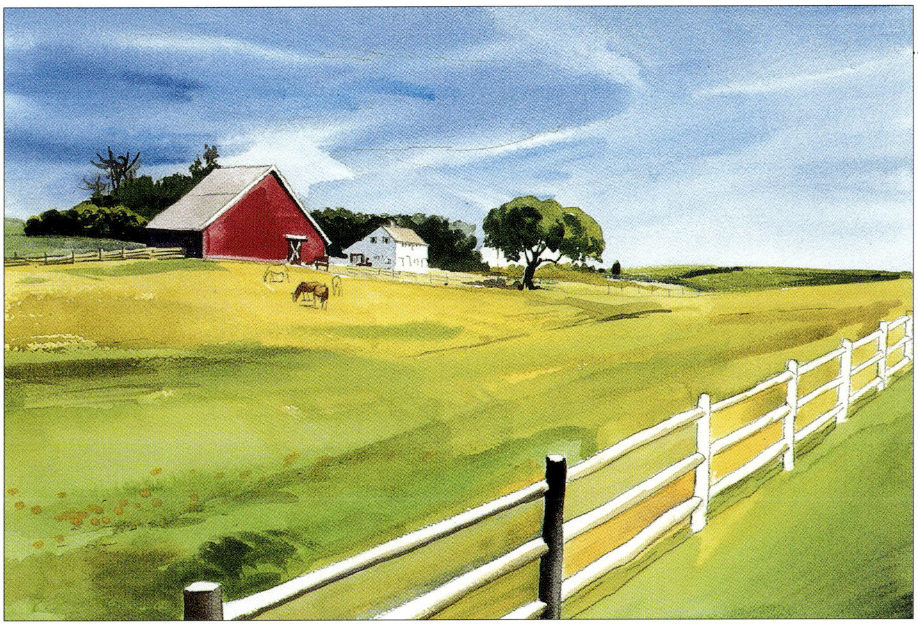

Usamos los marrones

5

Coloreamos la valla del primer plano atendiendo a los diferentes planos que la configuran; los más iluminados permanecen blancos, mientras que los opuestos a la luz los coloreamos con negro. Sobre las puertas, los troncos o los animales de la lejanía aplicamos una mezcla de negro y magenta, que ofrece un aspecto marrón. En ambos casos empleamos un pincel fino, muy apropiado para rectas y para pequeños detalles.

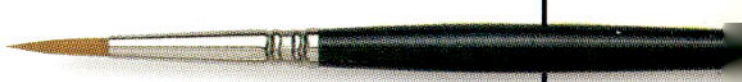

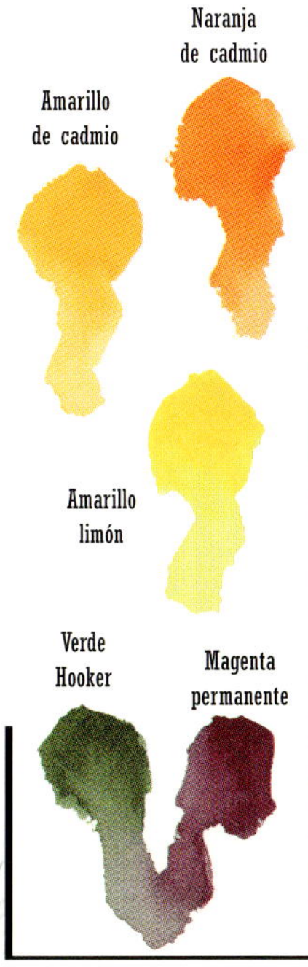

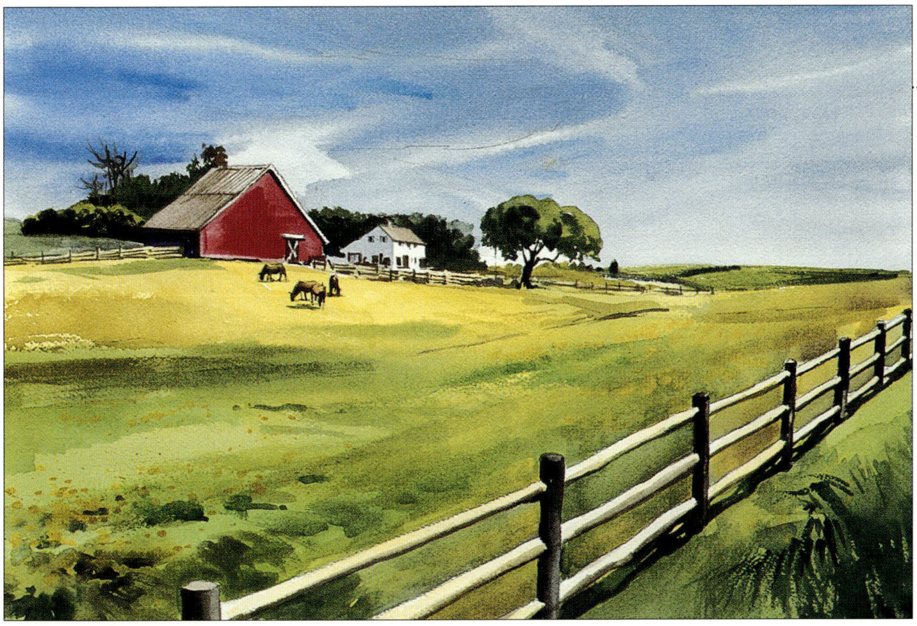

Completamos el cuadro

6

Para finalizar, con el pincel mediano realizamos suaves veladuras con los amarillos y naranja sobre la hierba, lo que redunda en diversas tonalidades de verde. Con el verde Hooker y el magenta aplicado de forma intensa definimos los surcos y matorrales de los primeros planos. Con el pincel fino acabamos de detallar las vallas y los animales lejanos.

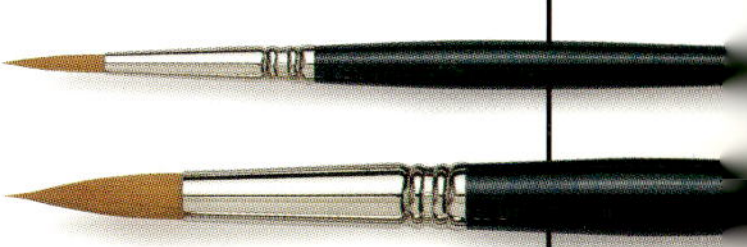

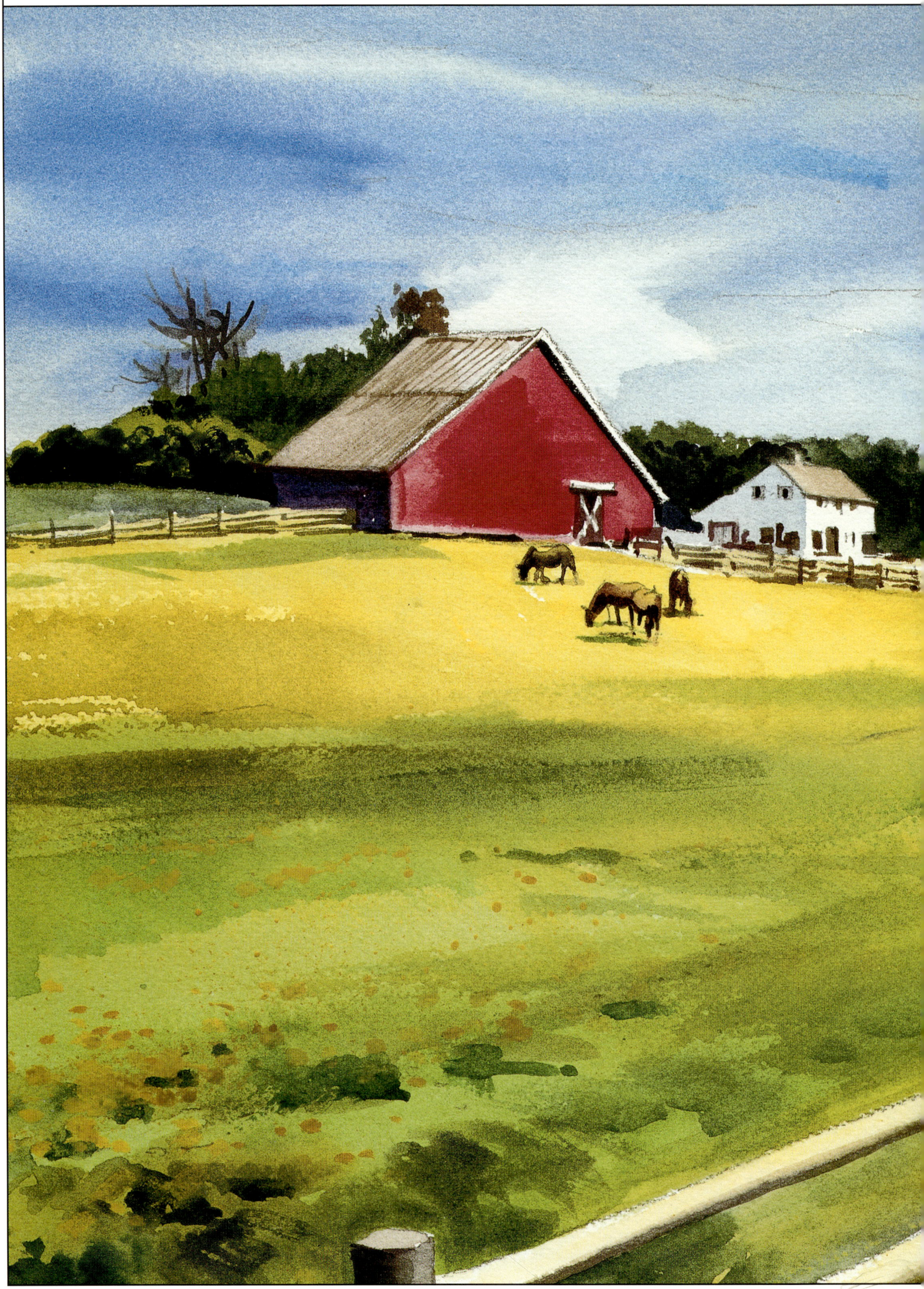

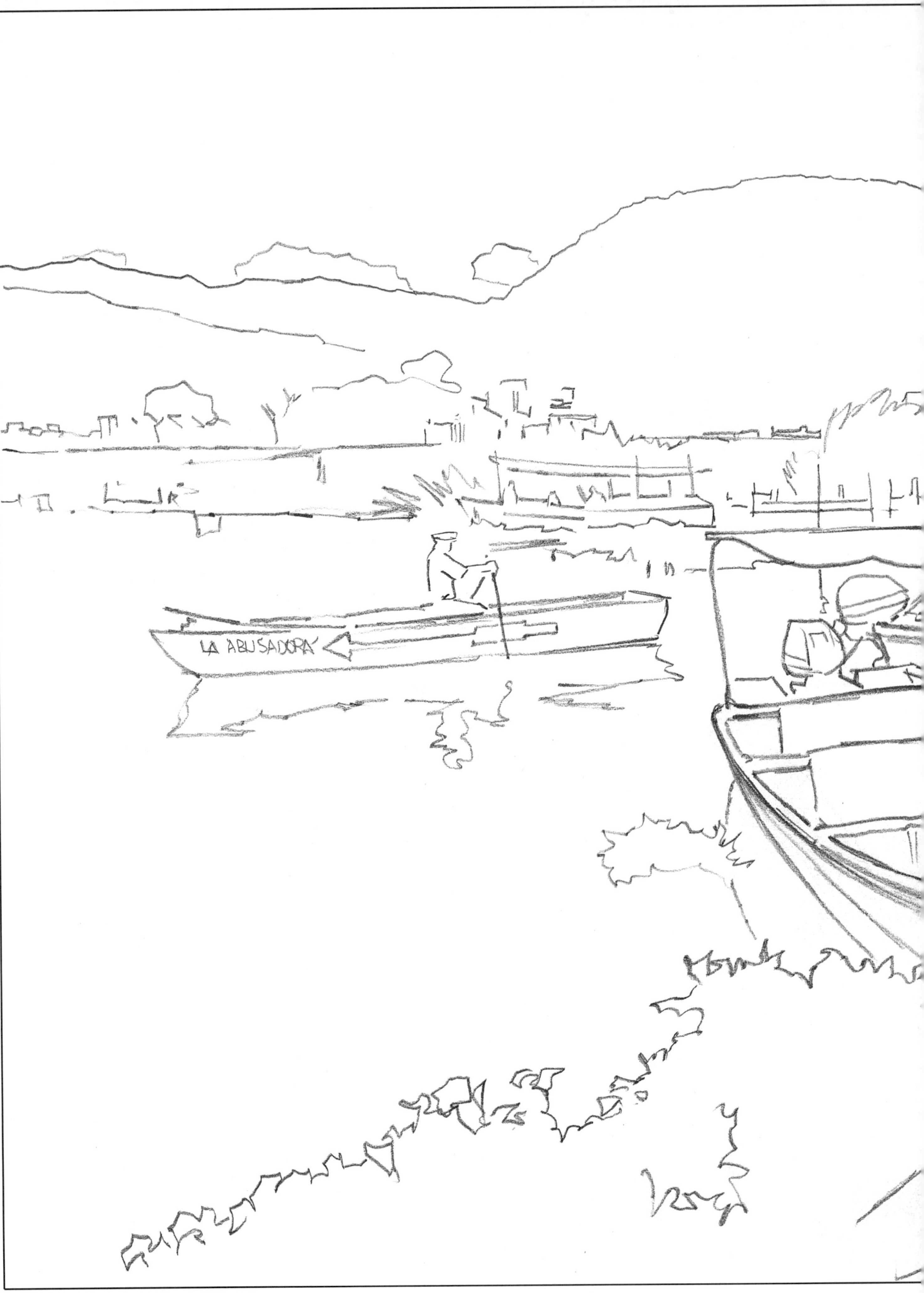
LA ABUSADORA

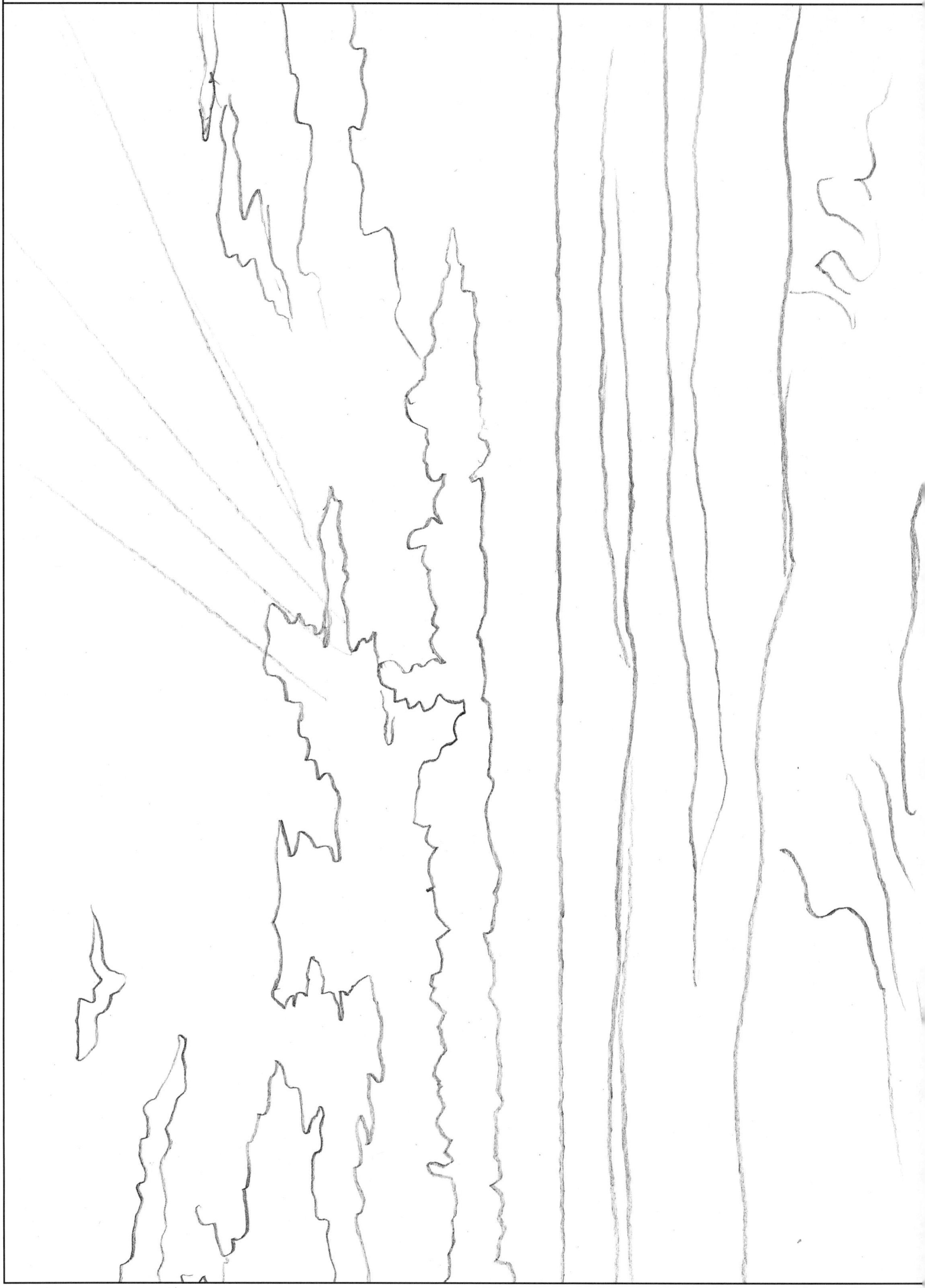

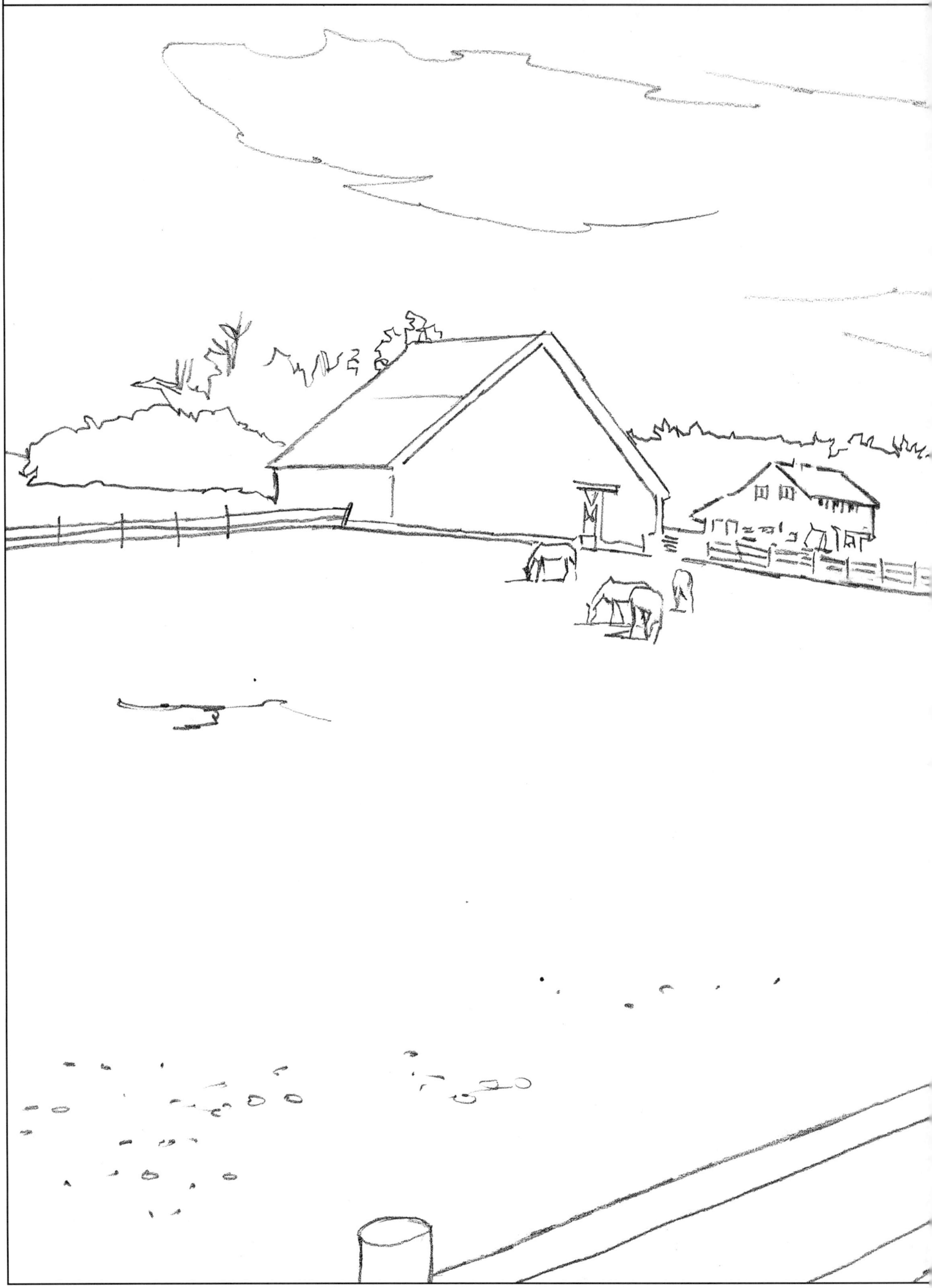

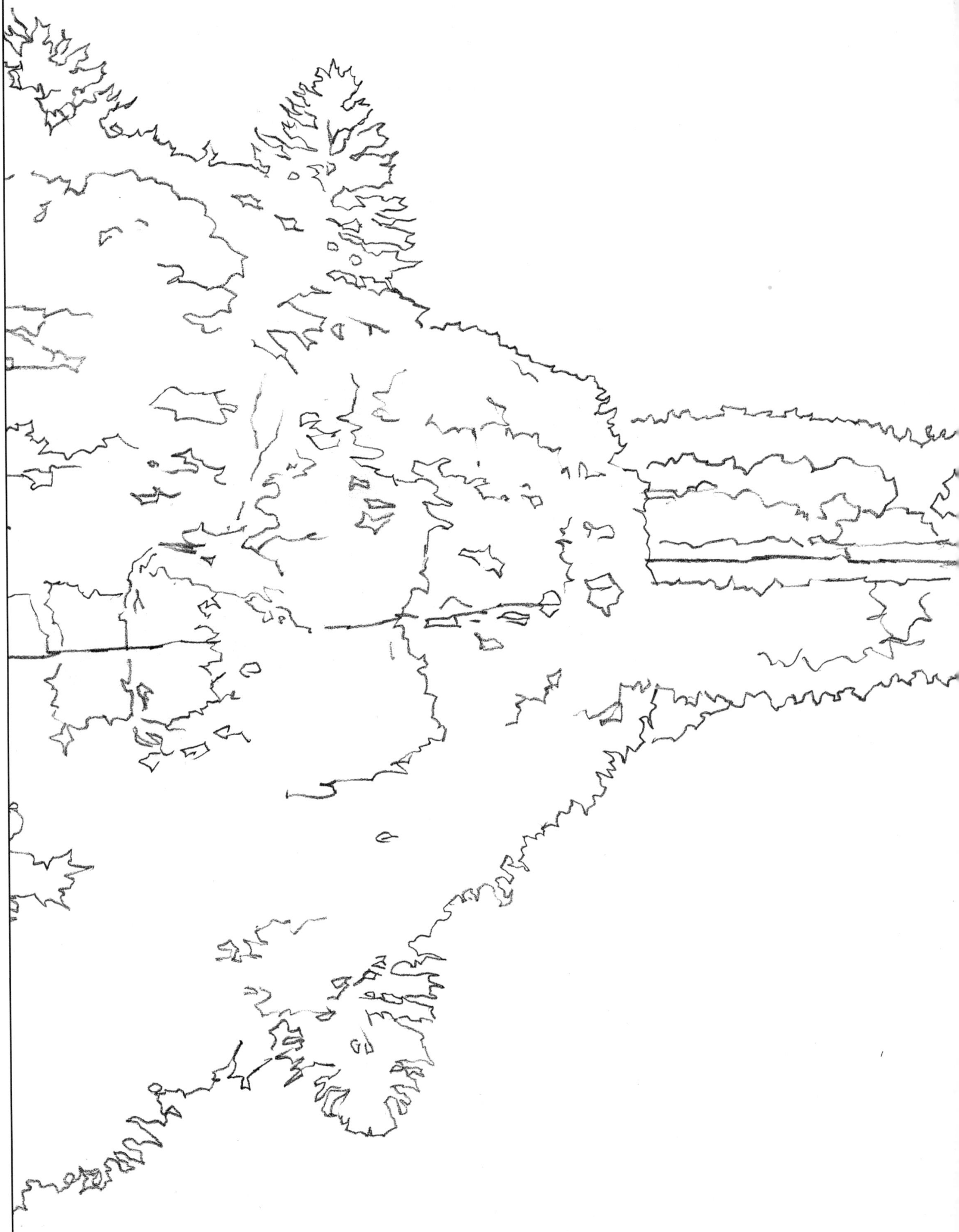

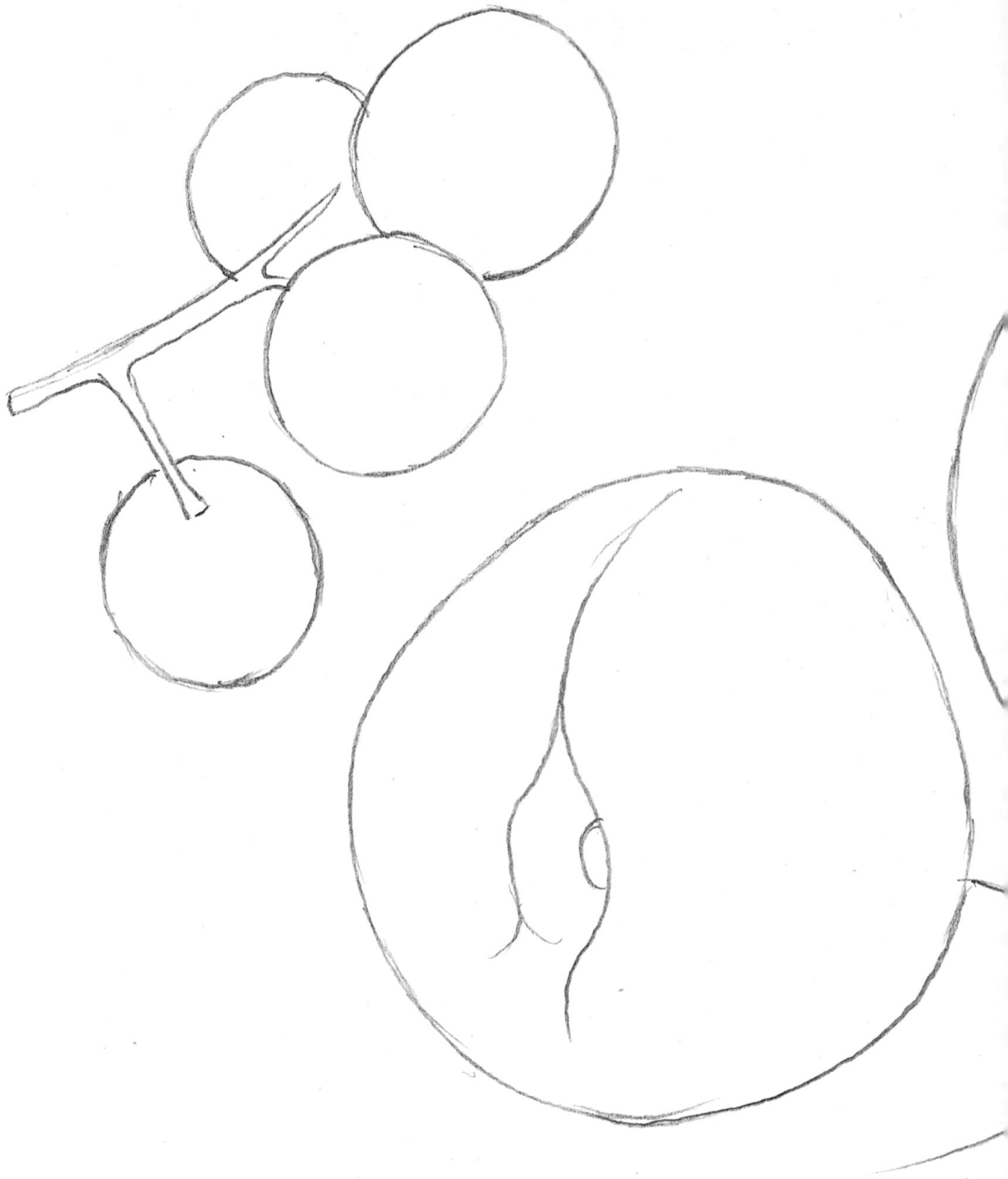

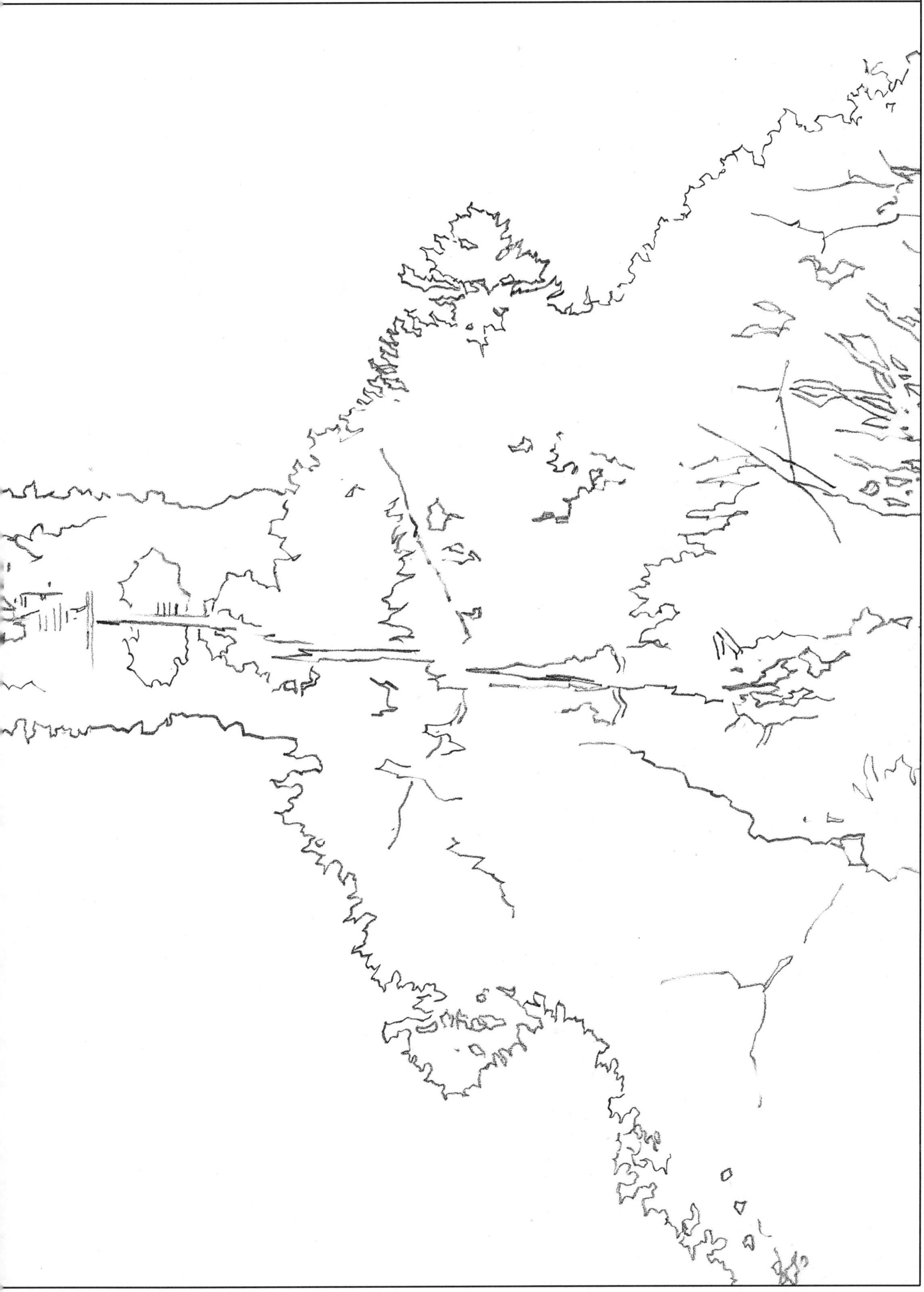

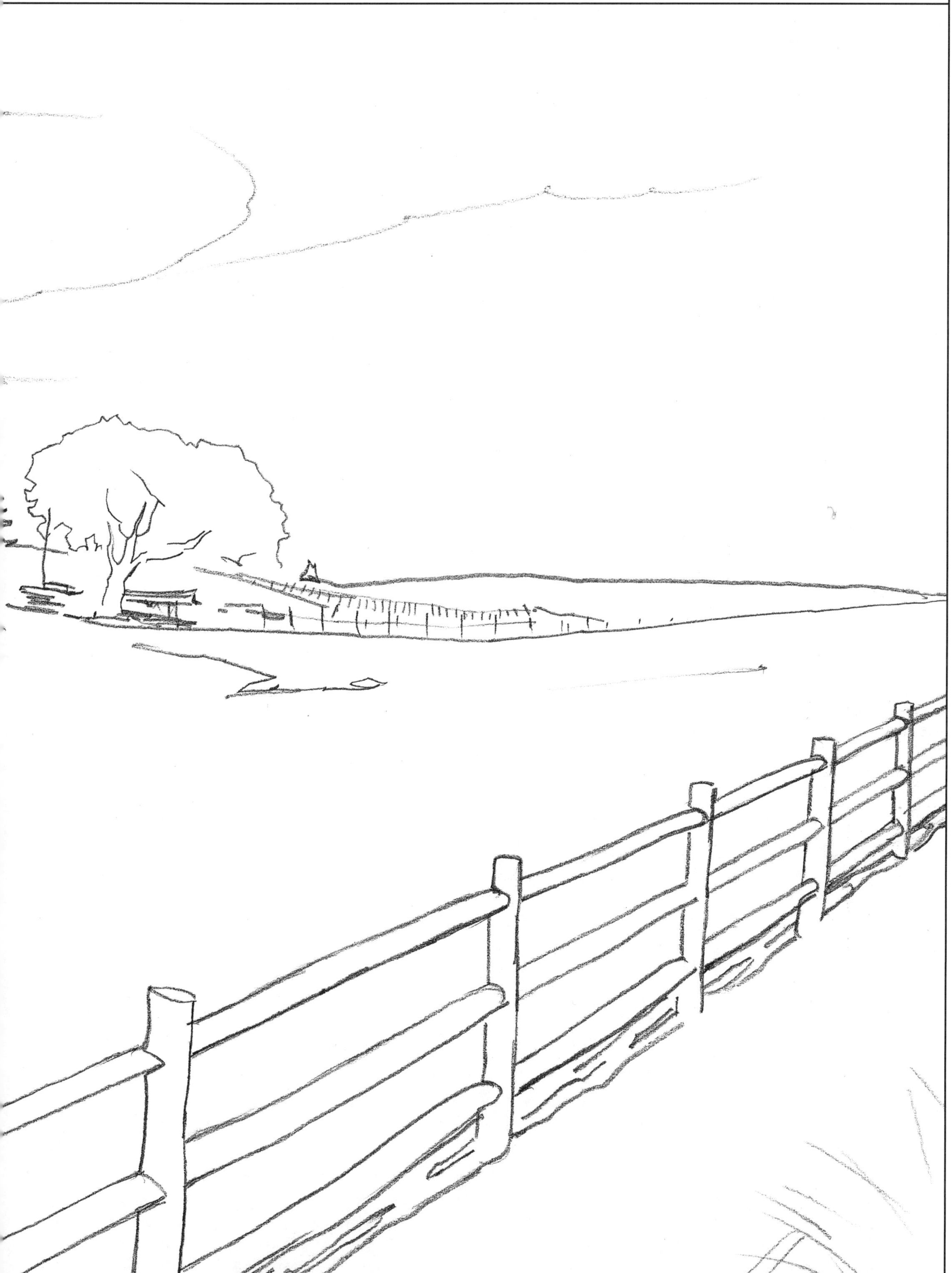

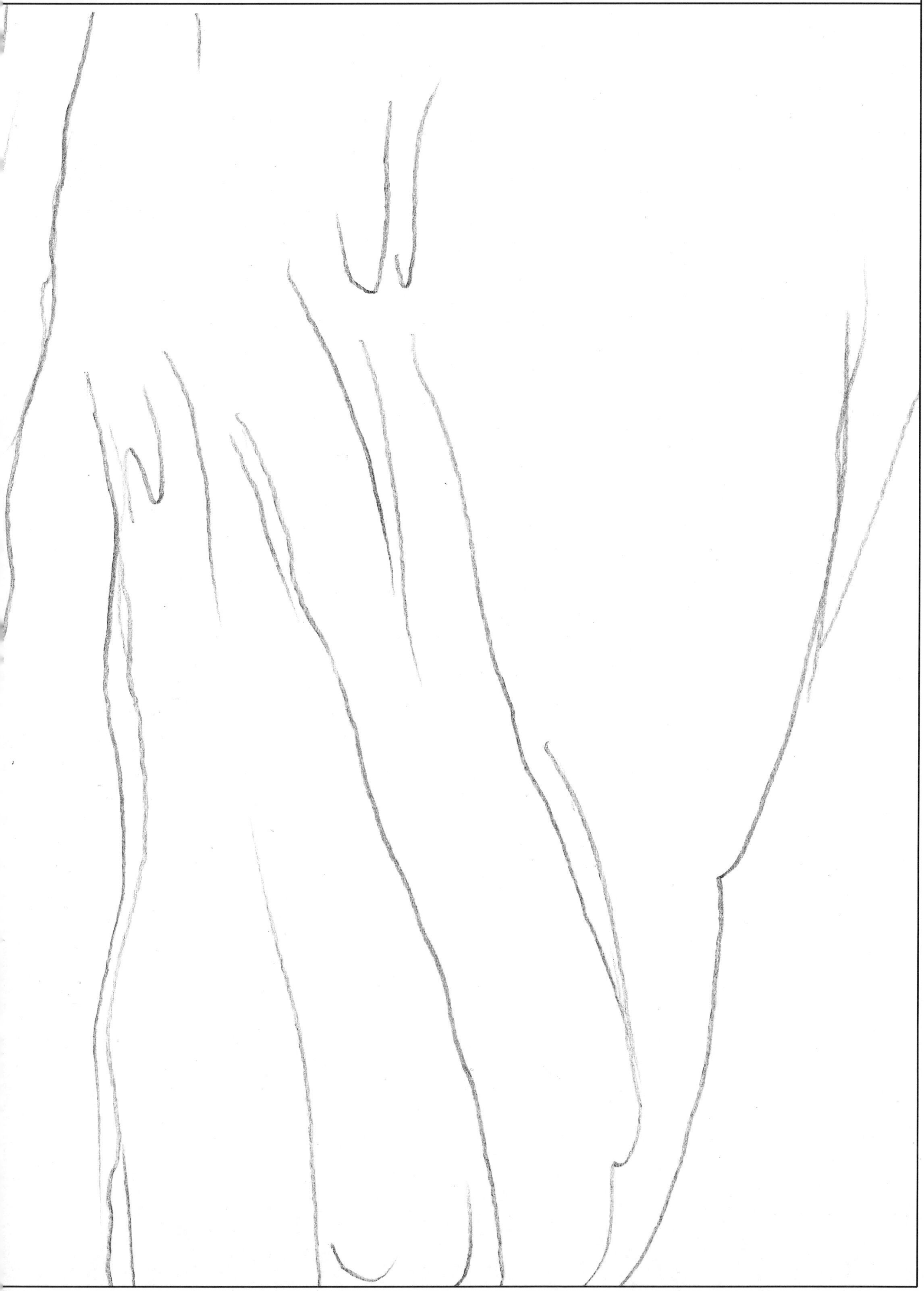

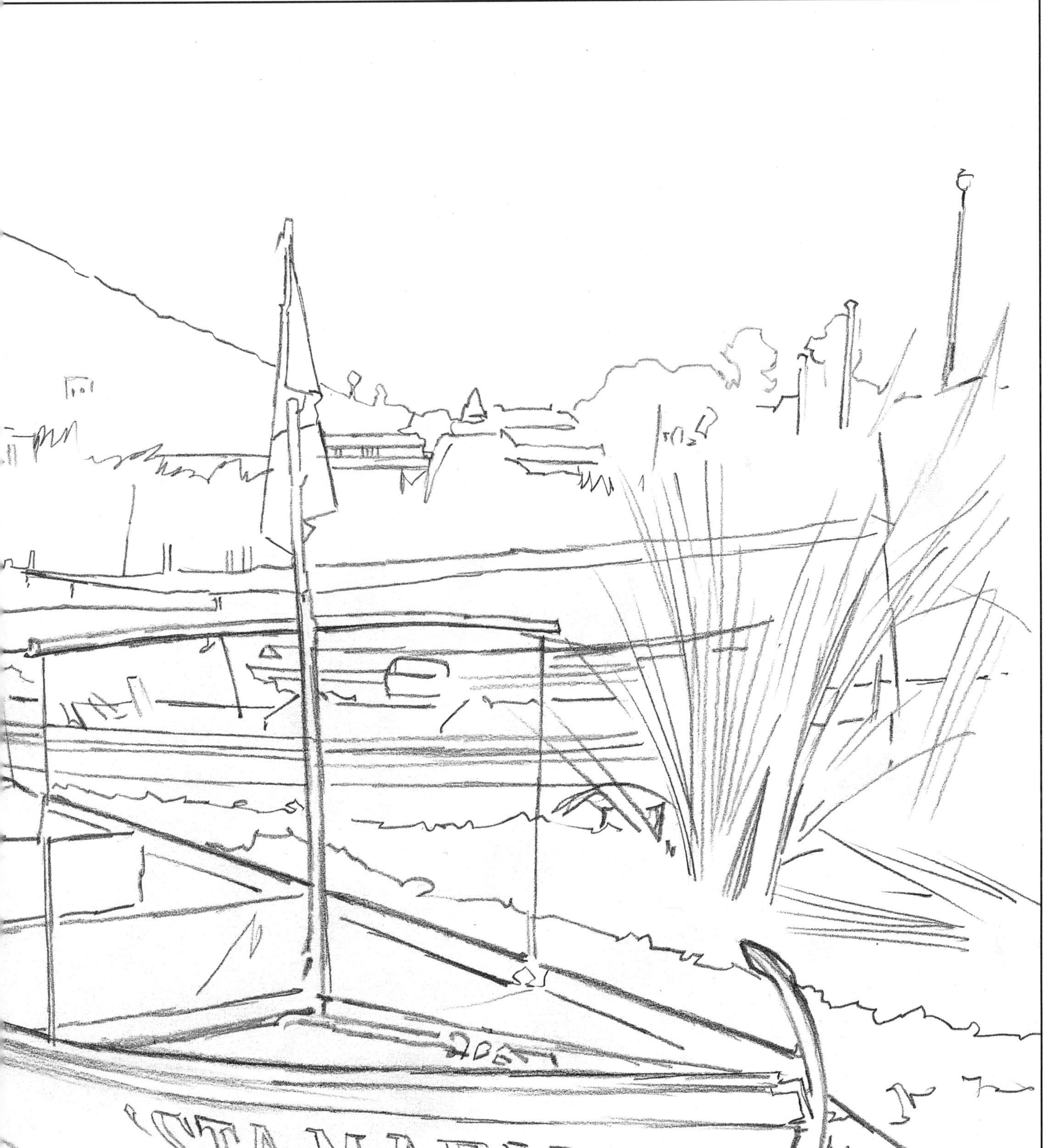
'STA MARIA'

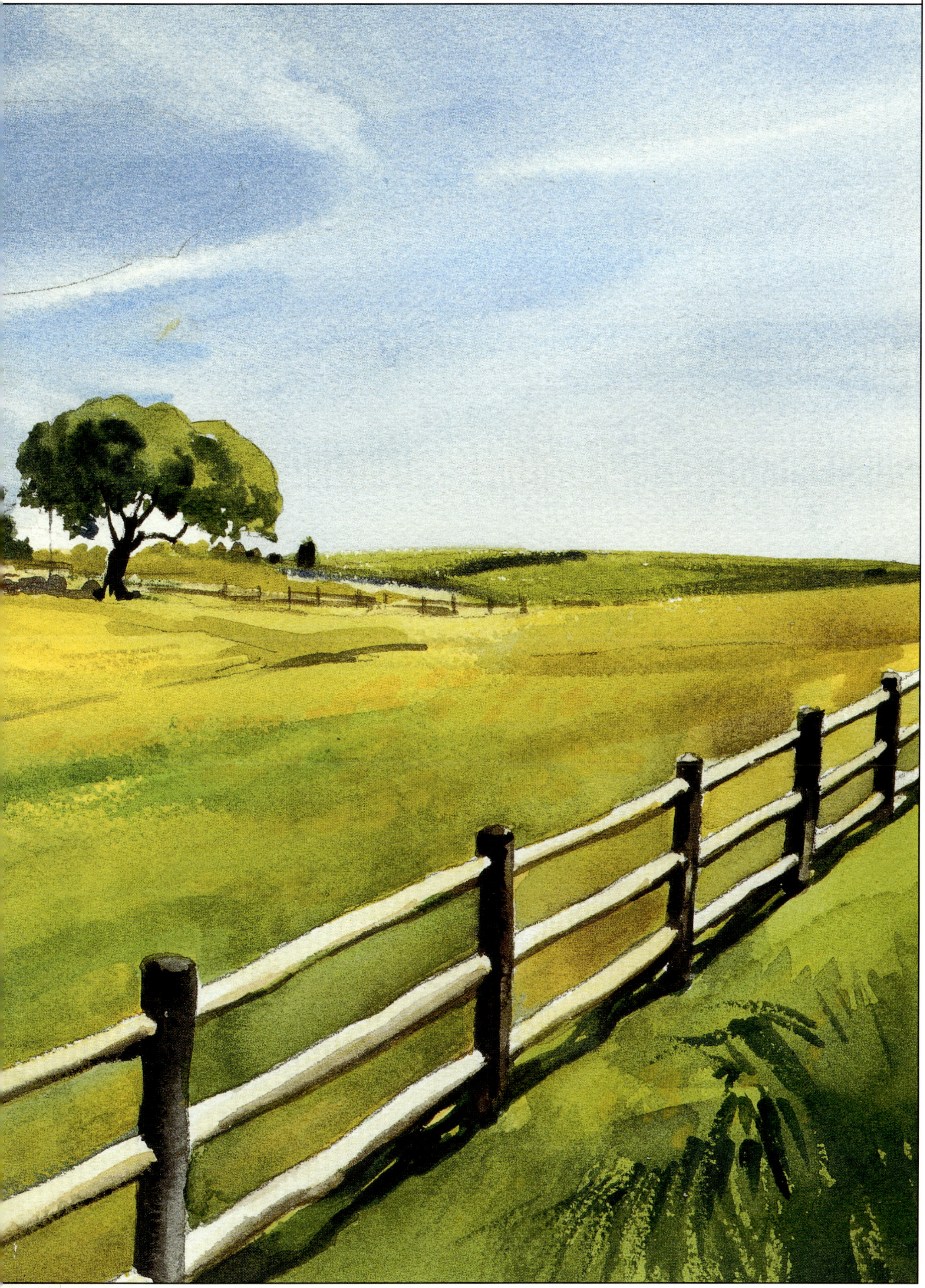

Una idea para el marco

Para enmarcar este cuadro nos basaremos en un criterio cromático, de forma que los tonos que aparezcan en el cuadro se vean reforzados. Por un lado, elegimos un paspartú doble donde el espacio exterior sea de color grisáceo y el interior blanco, que ilumina el cuadro y combina con los tonos iluminados de la valla. El marco es oscuro y azulado, efecto que refuerza los contrastes de la obra, a la vez que combina con el cielo. En conjunto, elegimos colores fríos que armonizan con los espacios más amplios del cuadro y refuerzan, por contraste, los escasos tonos cálidos de la obra.

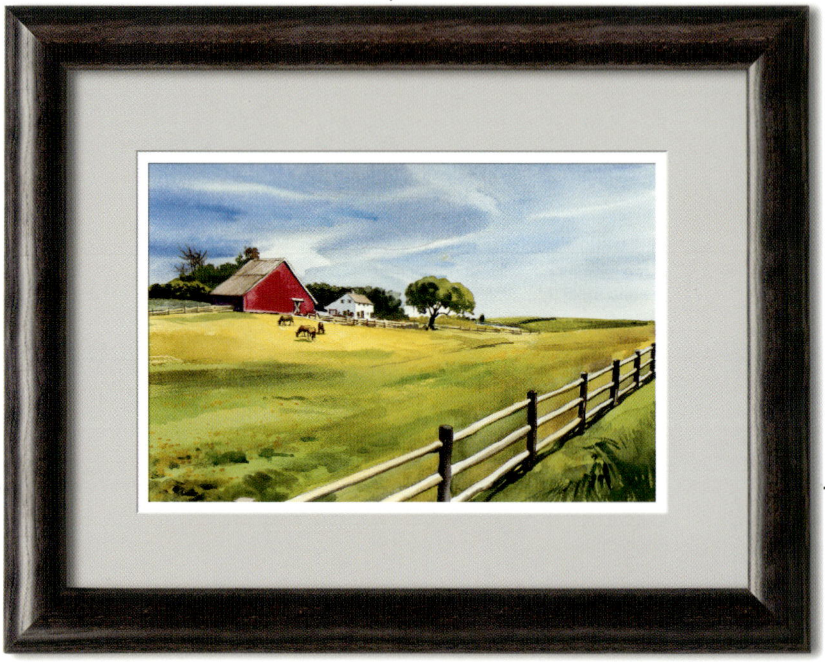

TRUCO

Las manchas más amplias requieren una mayor carga de pintura. Es frecuente en los principiantes emplear mucha agua y poca pintura, con lo que no se consigue suficiente potencia de color. Pongamos pintura sin miedo, ya que el color suele aclararse bastante cuando se seca, y si no hay suficiente carga de pintura el resultado será excesivamente pálido.

Soportes para acuarela

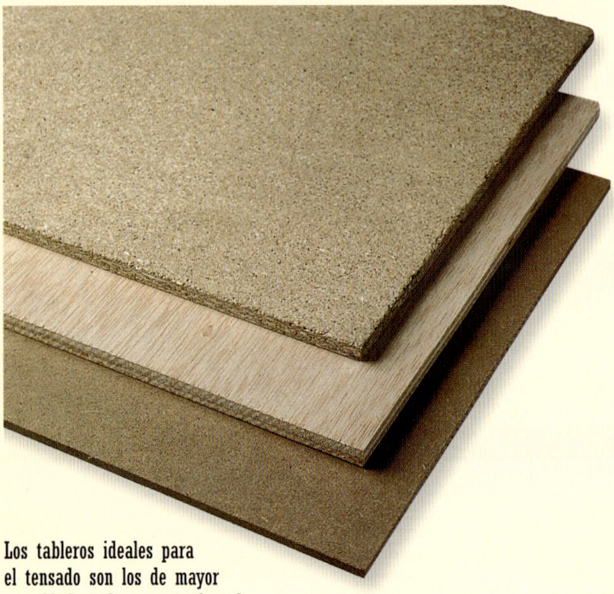

Los tableros ideales para el tensado son los de mayor porosidad, madera contrachapada y unos 6 mm de espesor aproximadamente.

Los tableros son soportes donde fijamos el papel suelto para conseguir una superficie lisa y un buen punto de apoyo. Puede trabajarse directamente sobre el papel seco o bien tensarse el papel en mojado, y en este caso, el soporte ayuda al tensado correcto. Debe ser resistente para no corvarse ni ceder a la presión que hará el papel cuando se tense. Existen tableros de diferentes tipos: los de táblex o cartón plastificado son muy ligeros y finos, ideales para transportar, pero al no ser porosos no resultan adecuados para tensar el papel. Para este fin, los tableros ideales son los de madera.

La regla como reserva para hacer rectas

Conviene practicar con la regla para realizar rectas a pincel; se trata de apoyar un poco el mango sobre el borde de ésta y desplazarlo conforme se pinta. También es posible realizar reservas con la regla. Entonces, ésta debe descansar plana sobre el papel, de forma que sólo permita colorear la parte externa; la mancha termina de forma recta, ya que el resto del papel queda reservado por la silueta de la regla. Es un método rápido y eficaz de hacer reservas, una forma prefabricada; también puede hacerse con un trozo de cartón grueso cuyo extremo sea recto.

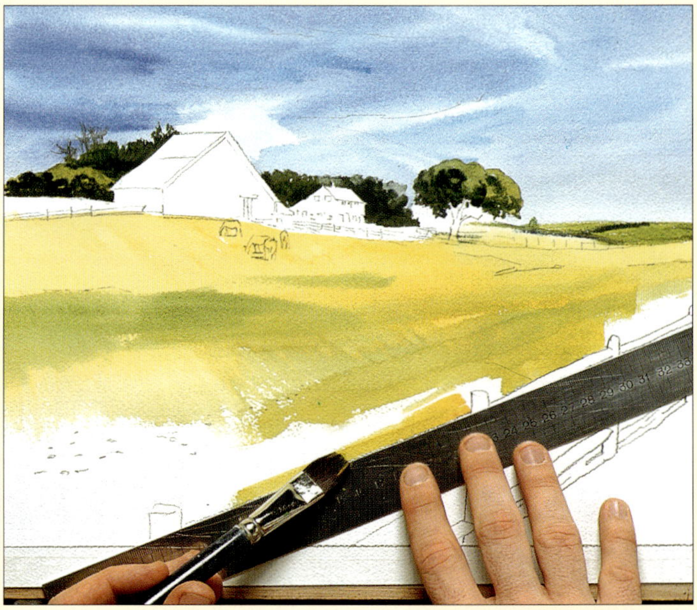

Para asegurarnos de que la mancha no penetra por debajo de la regla, debemos presionar ésta contra el papel y evitar que se formen espacios por debajo, donde sin duda penetraría el color.

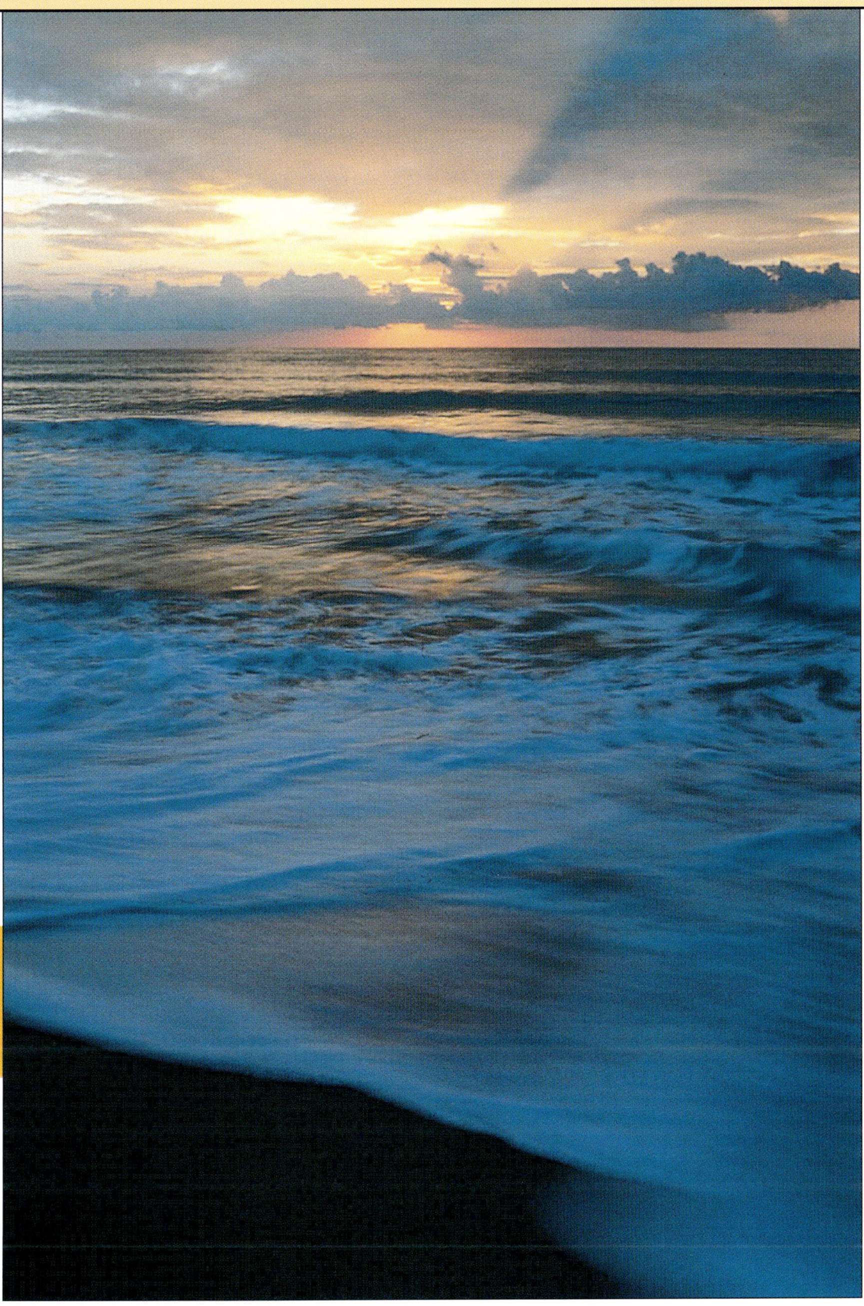

Fusión de cielo y mar

Sin duda, este tema de contrastes entre medios y color proporciona una visión muy romántica y colorista del paisaje marino, una de las escenas favoritas de la pintura al aire libre.

Medios móviles y transparentes

Uno de los retos más importantes para cualquier pintor consiste en observar las formas y luces de los objetos en cualquier circunstancia visual. Cuando estudiamos el agua apreciamos la multiplicidad de formas y reflejos que ésta adopta según los efectos que producen los agentes externos; es un medio absolutamente transparente, por ello no posee color propio y depende de las condiciones cromáticas que refleja. En las artes plásticas, el medio acuático se representa como ejemplo de elemento móvil, que supone un trabajo intuitivo y de análisis por parte del artista.
Es un medio fluido y mutante como cualquier líquido; según el estado en que se encuentre mostrará una superficie plana y tranquila o bien una revuelta. Vale la pena investigar estos efectos a nivel pictórico.

La luz del día

El paisaje es uno de los temas que ofrece al artista más posibilidades de armonización: la luz cambiante de las estaciones, la hora del día, la lluvia, la nieve... cada uno de estos momentos sugiere en el pintor infinidad de combinaciones cromáticas. Los tonos cálidos suelen relacionarse con una luz solar fuerte o con extensiones de arena y tierra; los tonos fríos, con escenas invernales o acuáticas, y también con texturas como la piedra o la roca. El tiempo lluvioso o nublado proporciona tonos quebrados y neutros. Según la hora del día también encontramos diferentes gamas de color: el amanecer y el atardecer ofrecen delicadas combinaciones de colores fríos y cálidos; las horas de más sol, en cambio, presentan colores muy intensos y sombras fuertes y definidas.

Los pinceles

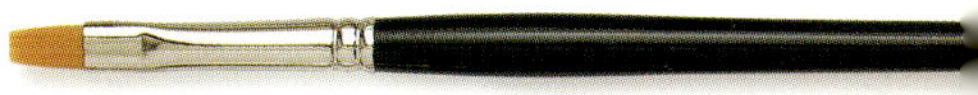

Pincel plano estrecho

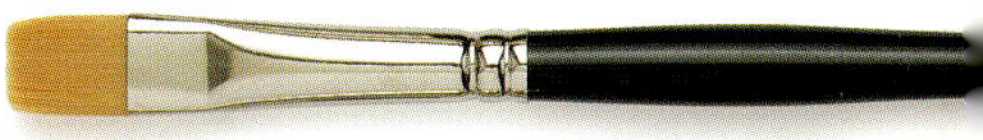

Pincel plano mediano

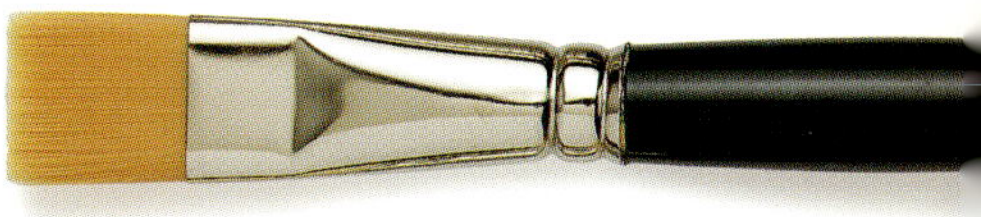

Pincel plano ancho

Los colores de la paleta

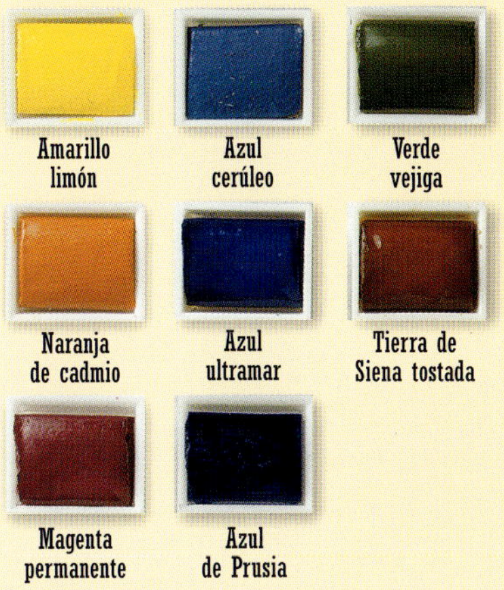

Primeros impactos de color

1

Realizamos unas primeras manchas sobre el papel donde establecemos los tonos cálidos que representan la luz del Sol y sus reflejos. Mezclamos amarillo con magenta y naranja y esparcimos el color sobre el cielo y el mar de forma discontinua. El color irá variando, a veces será más anaranjado y otras más rosado. Reservamos en blanco los espacios para las nubes.

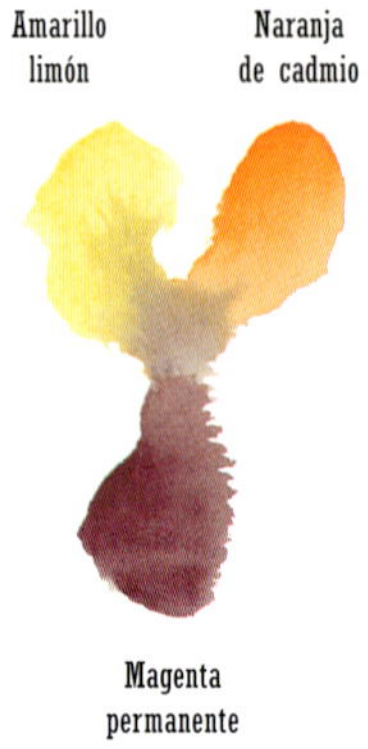

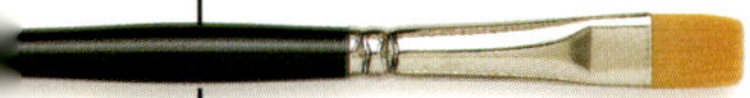

Añadimos el azul

2

Mezclamos azul cerúleo y de Prusia y los distribuimos sobre el mar. Con un pincel plano mediano colocado de lado establecemos las líneas lejanas, allí el color está saturado. En el primer plano diluimos el color con agua y esparcimos con el pincel ancho el tono por toda la superficie, dejando los espacios manchados con tonos cálidos.

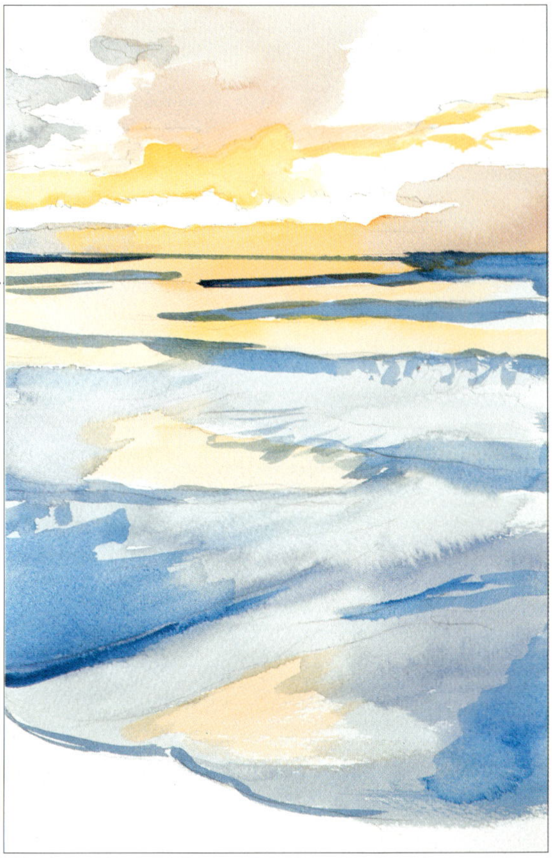

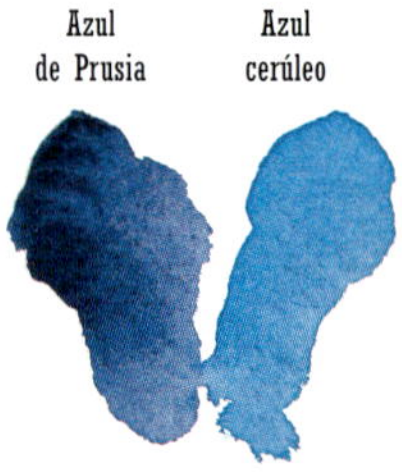

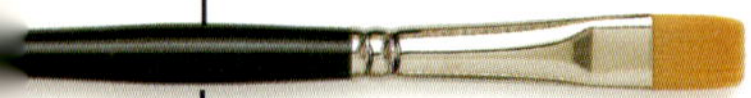

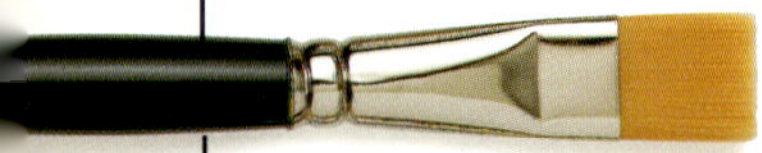

Manchamos el cielo

3

Coloreamos la parte superior con matices azules y lilas. La nube horizontal la manchamos con azul de Prusia y las diferentes masas superiores con tonos lilas y marrones derivados de la mezcla de magenta y azul y de naranja y azul. El color en estos espacios es mucho más fundido que en la nube horizontal que aparece destacada.

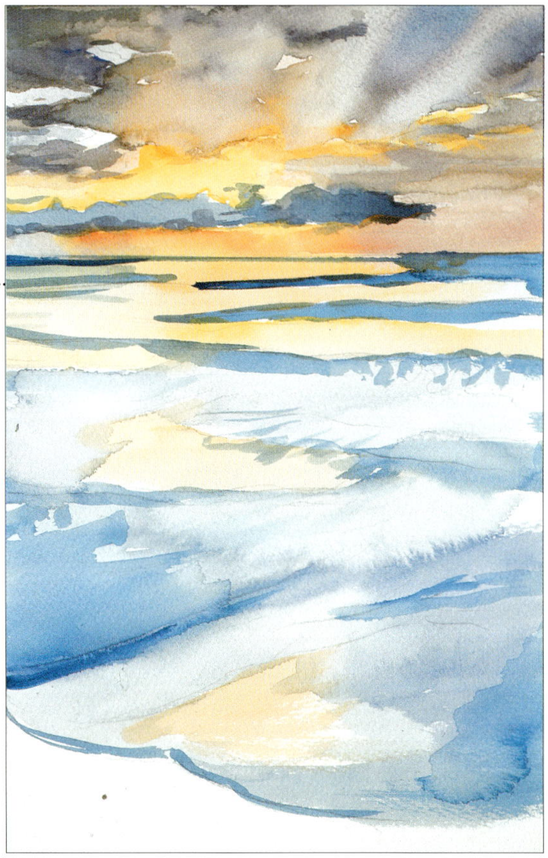

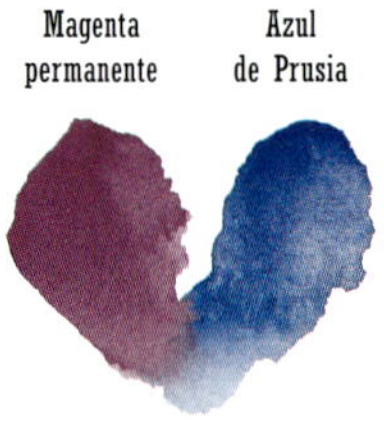

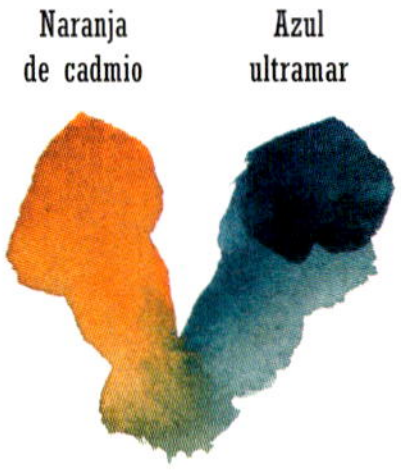

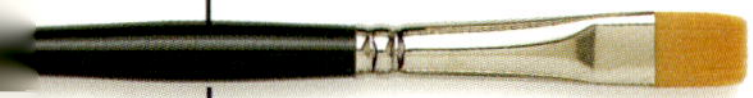

Azul de Prusia

Tierra de Siena tostada

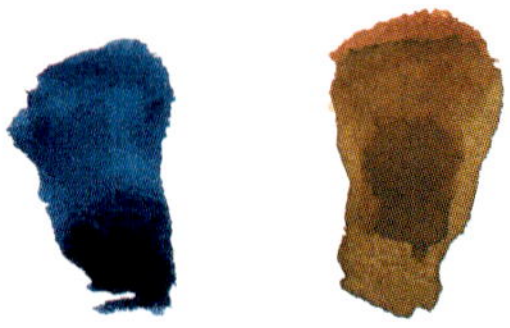

CONSEJO

Para realizar los rayos de luz que aparecen en el cielo utilizamos un pincel limpio y mojado y rebajamos los tonos de las nubes. Debemos lograr que se blanquee el papel a base de ir retirando el pigmento.

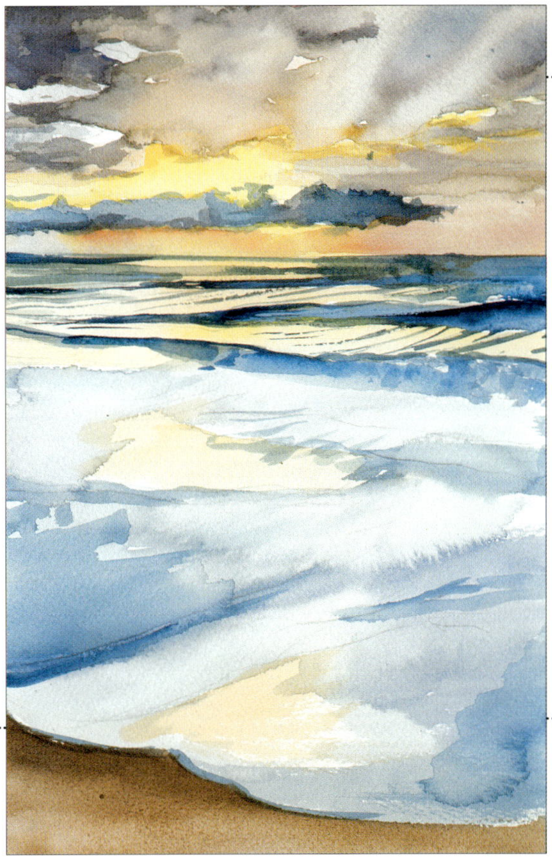

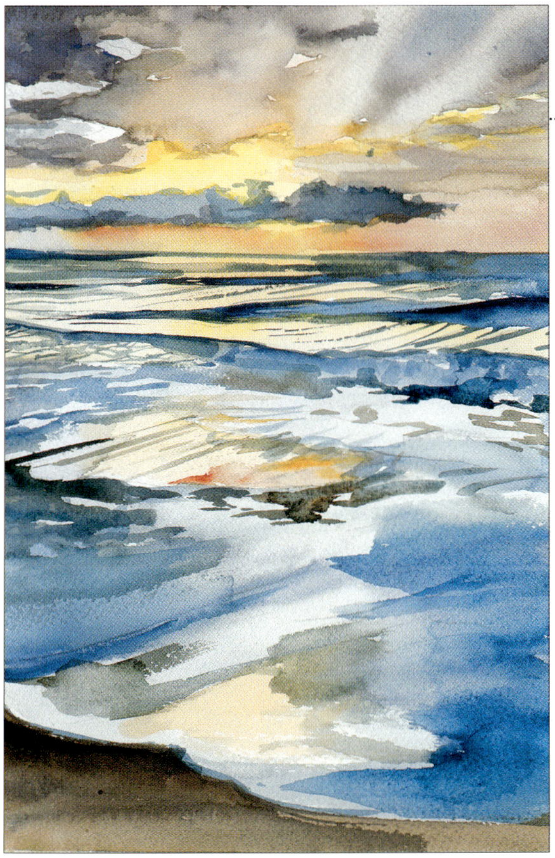

Trazamos las olas lejanas

4

Con el azul de Prusia definimos las olas más lejanas. Usamos un pincel plano estrecho para determinar las pequeñas ondulaciones que se forman en la superficie. En el primer plano incorporamos con un pincel mediano una tonalidad Siena que indica el color de la arena.

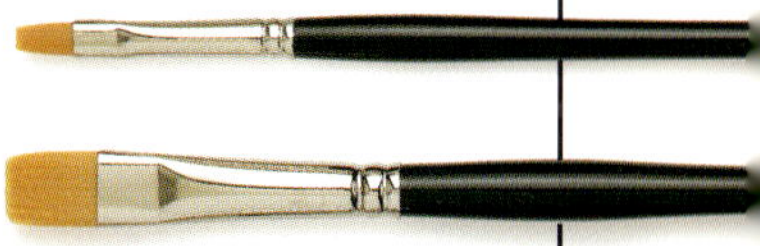

Naranja de cadmio

Verde vejiga

Azul de Prusia

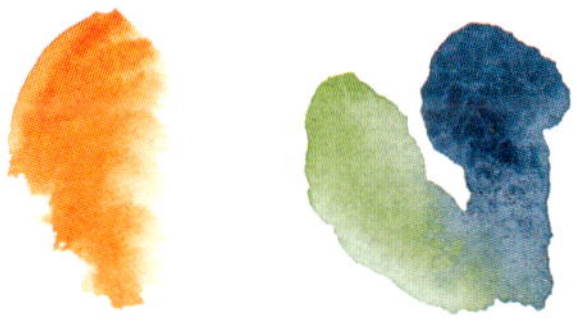

Avanzamos planos

5

Vamos aproximando el detalle a nuestro punto de vista y ahora abordamos el plano medio. Mezclamos diversas tonalidades: a partir de verde y azul realizamos trazos que definen la movilidad del mar, creamos diferentes desniveles y oscurecemos el tono que aparece junto al reflejo. En éste incorporamos una tonalidad naranja para potenciar la calidez.

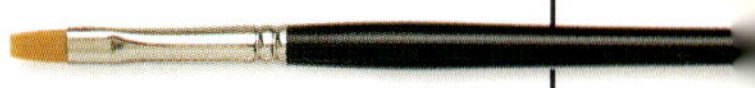

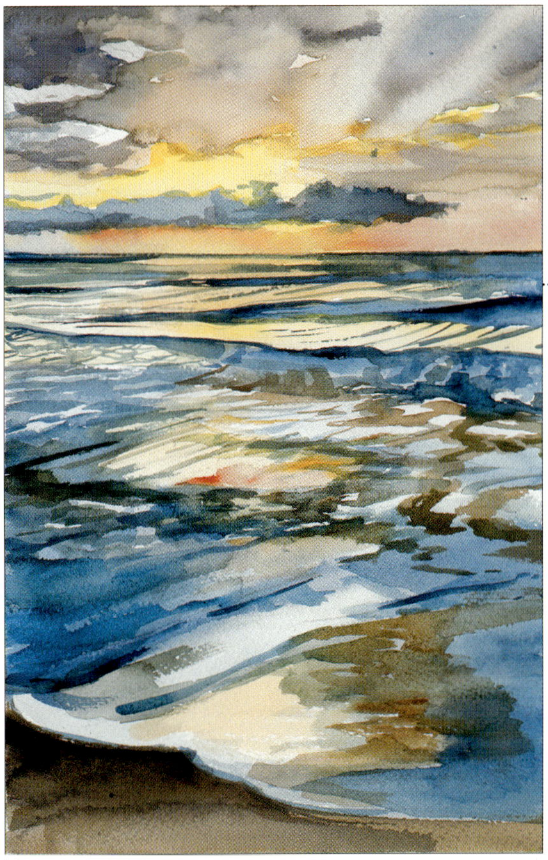

Finalizamos el cuadro

6

Finalmente, incorporamos contrastes en el primer y segundo plano. Mezclamos Siena y azul, este último en mayor cantidad, para definir los oscuros de la zona izquierda. En la parte derecha y en la arena potenciamos el Siena y realizamos nuevas formas que contrastan con el azul de base en oscuridad y tono.

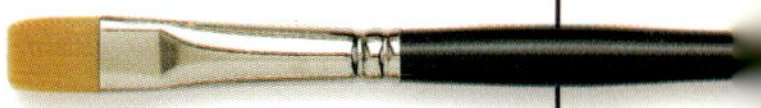

Tierra de Siena tostada

Azul de Prusia

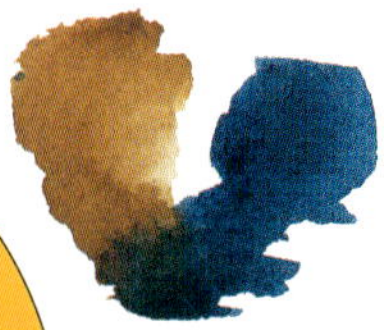

CONSEJO

Los reflejos más luminosos del cuadro debemos realizarlos primero mediante una suave veladura, después añadiremos contrastes con la aplicación de nuevas capas de color. Sería muy difícil rebajar el tono con agua para zonas muy concretas como los reflejos.

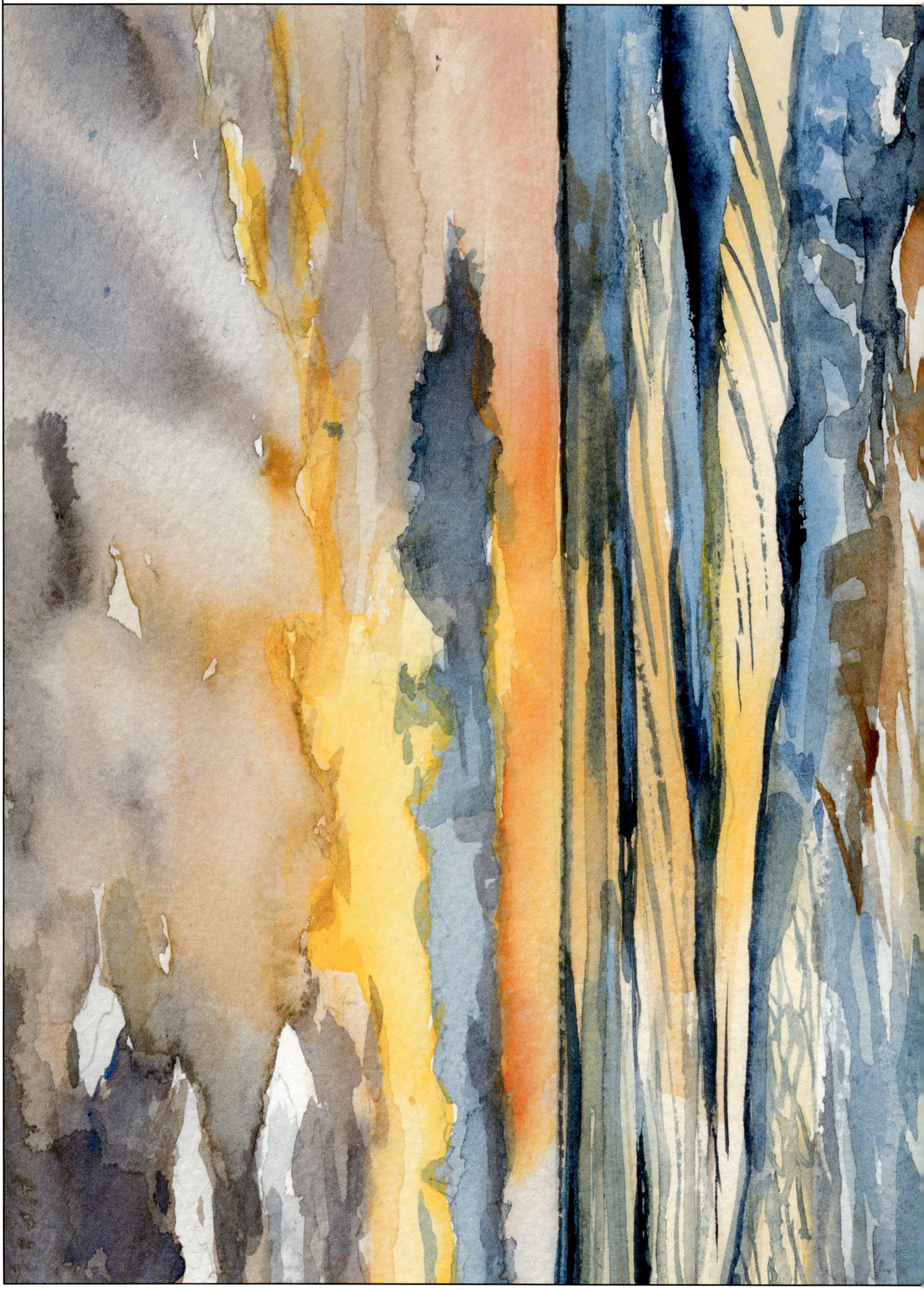

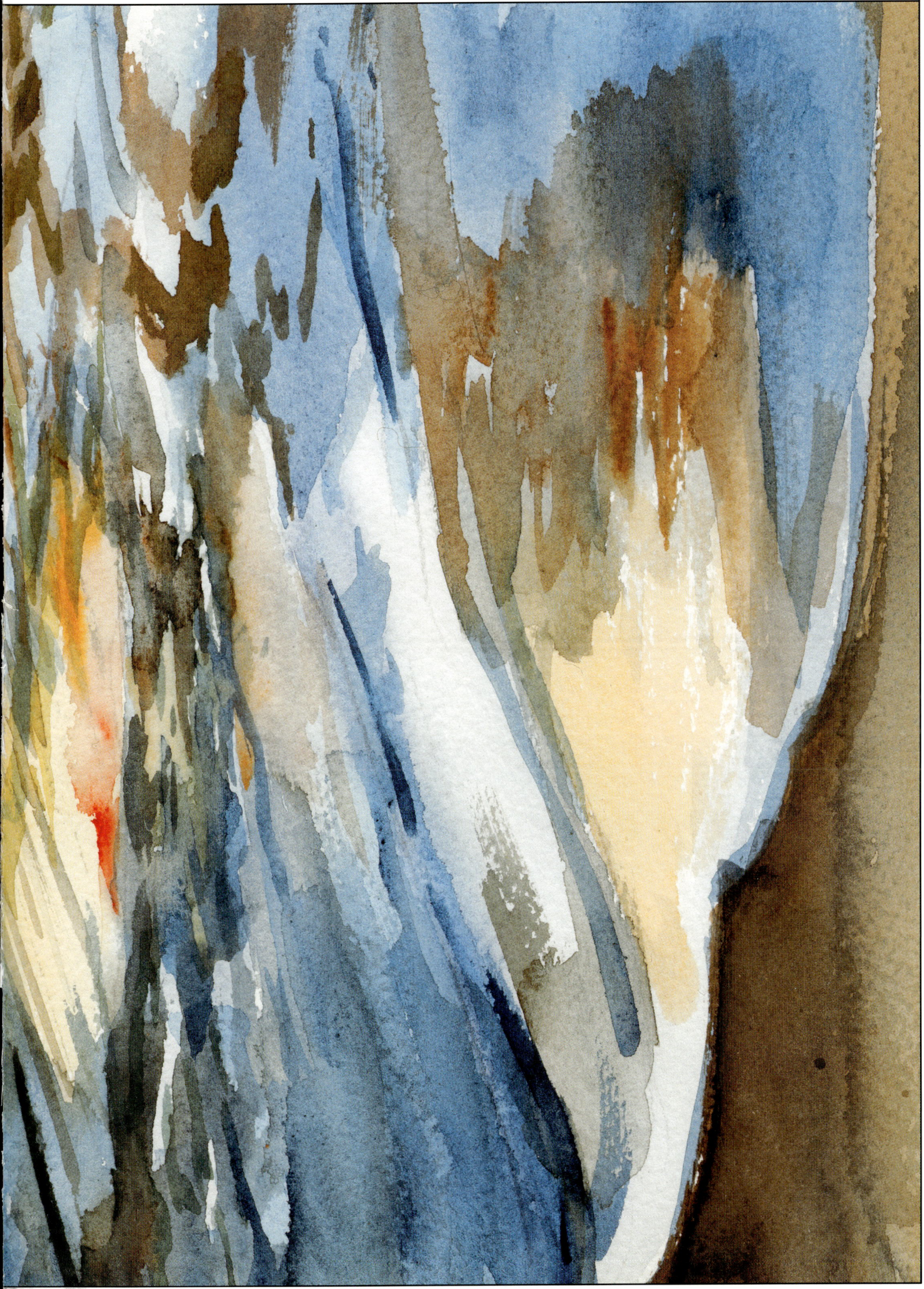

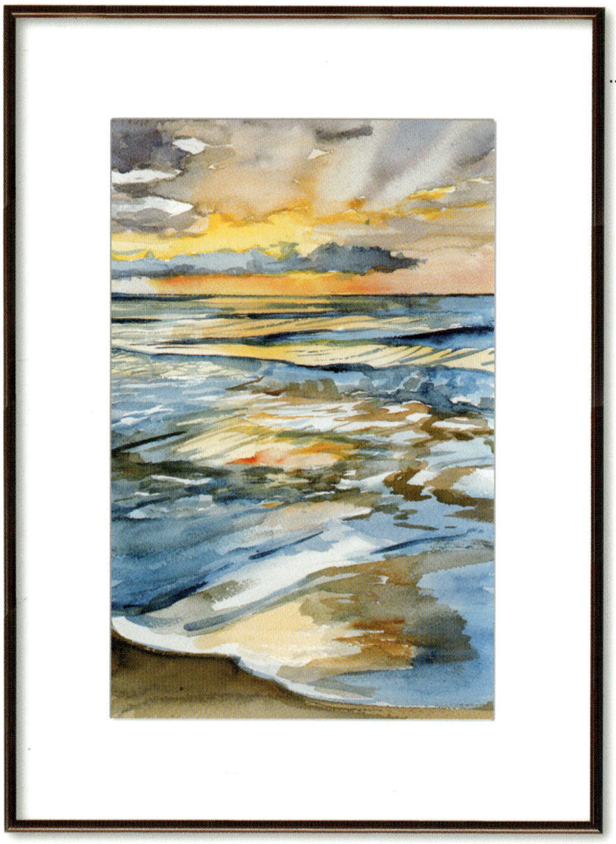

Una idea para el marco

El presente cuadro, que se caracteriza por una multitud de reflejos y colores, exige un enmarcado sencillo. El paspartú que hemos elegido es blanco y ancho, lo cual dará más amplitud al paisaje. En cuanto al marco, optamos por uno de Santiago Arnau de color marrón oscuro, acorde con algunos reflejos del cuadro y la arena. El marco es muy fino, ya que nos interesa que destaque más el paspartú.

TRUCO

Para realizar cuadros con colores complementarios debemos procurar que aparezcan lo más puros posible. Usaremos el pincel siempre muy limpio o bien emplearemos dos distintos, uno para los tonos fríos y otro para los cálidos.

El impacto de tonos complementarios

Los colores complementarios, al aparecer uno junto al otro, no reducen su brillo e intensidad, sino todo lo contrario, se realzan mutuamente produciendo el máximo contraste. Todos los colores tienen su complementario. Los colores primarios (amarillo, cyan y magenta) cuando se mezclan dos a dos forman los colores secundarios: el verde (del amarillo y el cyan), el anaranjado (del amarillo y el magenta) y el violeta (del cyan y el magenta). Se define que un color es complementario de otro, cuando este posee los colores primarios que el otro no tiene.

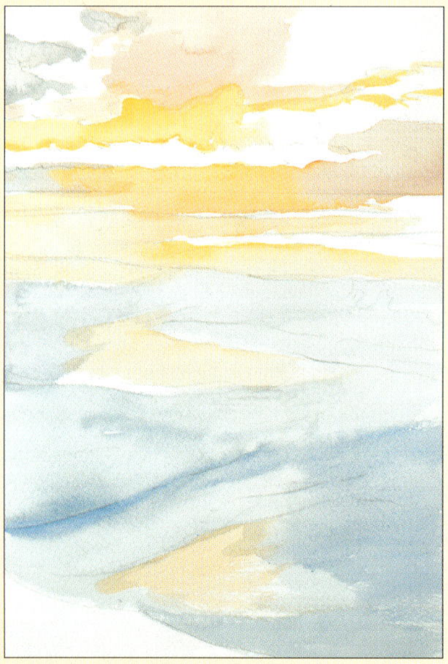

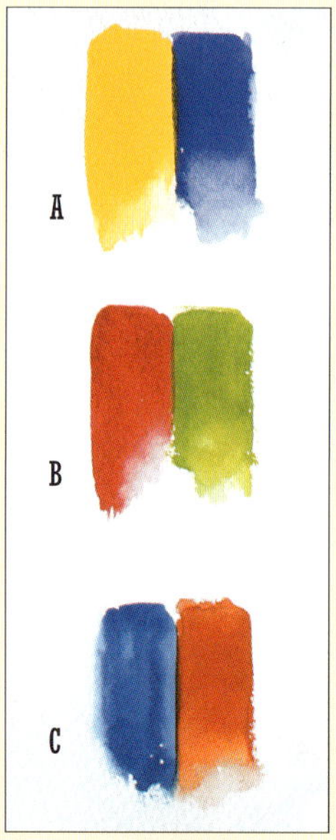

Ejemplos de tonos complementarios
A- Amarillo de cadmio (primario) y azul ultramar (secundario).
B- Carmín de garanza (primario) y verde medio (secundario).
C- Azul cerúleo (primario) y rojo de cadmio (secundario).

Pinceles especiales

Algunos pinceles no pueden clasificarse como planos o redondos simplemente. Las formas de los mechones son a veces muy especiales, adecuadas para determinados trabajos. Los pinceles con forma de abanico tienen la virola plana y esto le da al mechón una forma abierta. Se utilizan para conseguir una transición cromática uniforme sobre una superficie ya pintada. Si se moja en pintura de acuarela hace un efecto similar al del pincel seco, que resulta ideal para crear algunos fundidos.
Los pinceles japoneses son de mechón extraordinariamente largo, de forma que permite trazos muy finos si se usa la punta y aguadas muy amplias si se emplea de lado.

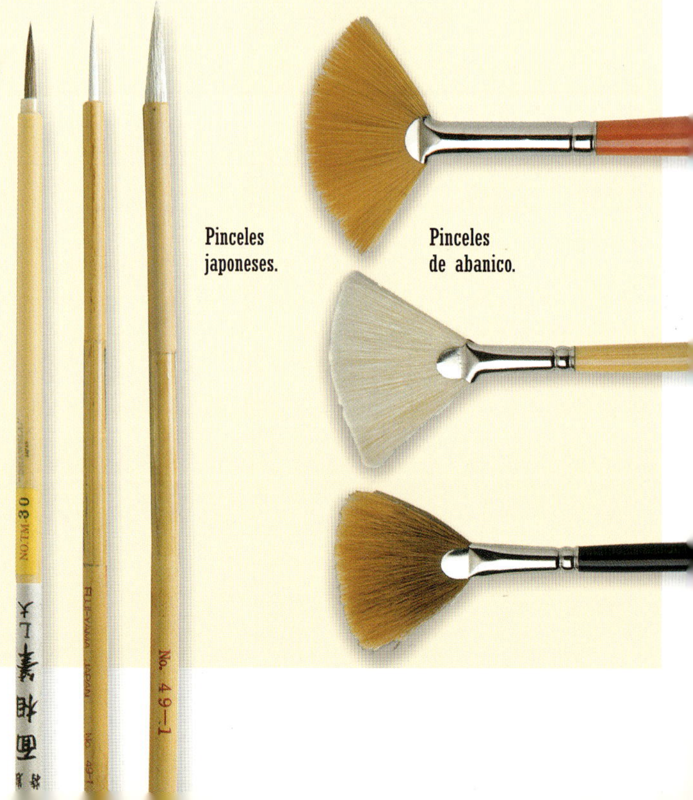

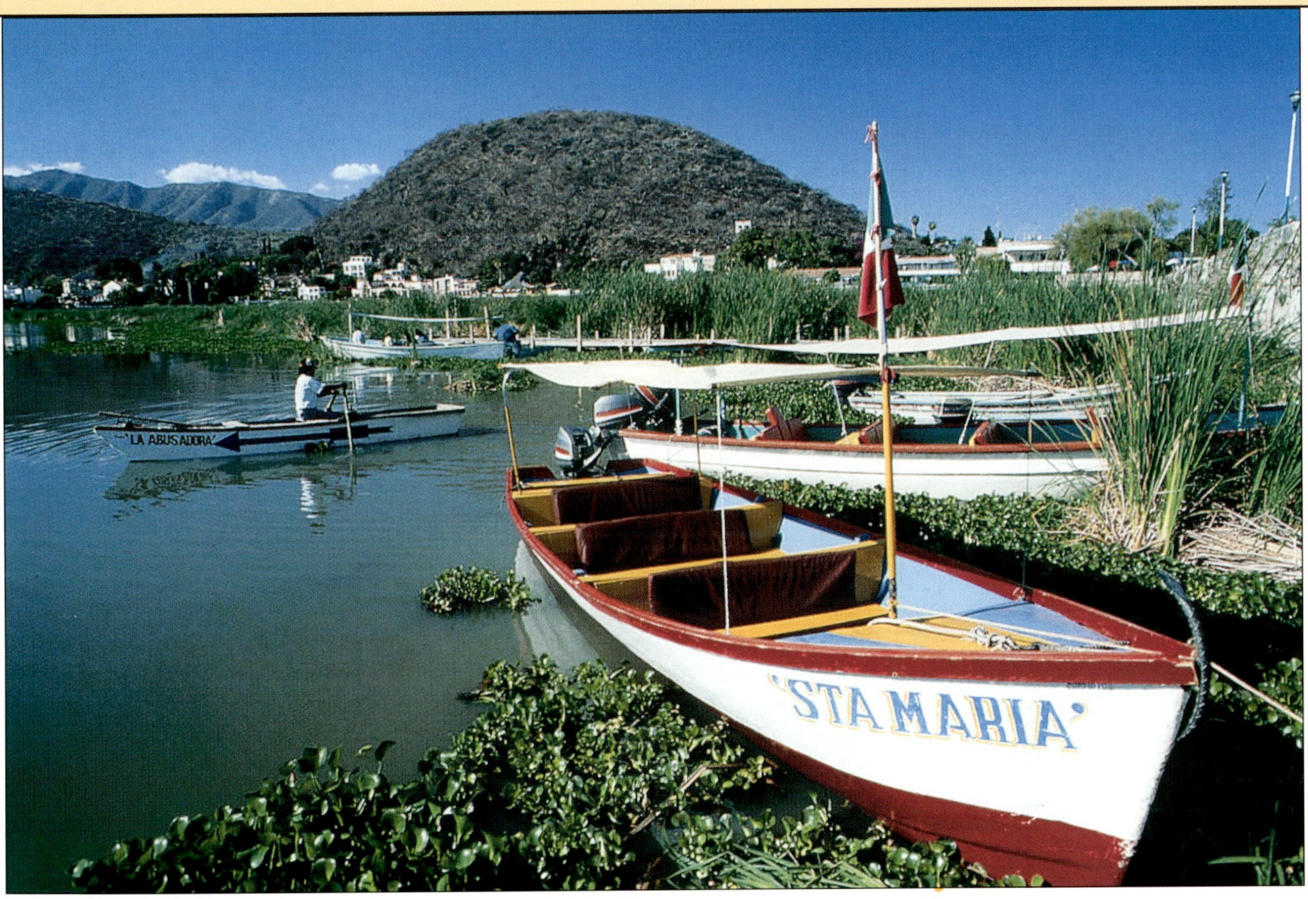

Una marina tradicional

Las barcas son una temática incluida en las marinas que nos ofrece la posibilidad de estudiar colores mucho más variados que los que encontramos en la simple visión del mar.

Un paisaje costumbrista

La belleza de las marinas radica en la visión del mar y su entorno; sin embargo, cuando aparecen barcas, pescadores o ambientes más concretos la visión es más humana que paisajística, pues refleja las costumbres de las personas y su vida cotidiana. Ya no buscamos la sola armonía de la naturaleza, se trata de un cuadro mucho más explicativo, una escena en que los elementos cuentan una historia o una situación creada por el ser humano. Cuando se pinta un puerto, un paisaje de pescadores o un barco determinado, la belleza del mar queda implícita en estos elementos; aunque no se aprecie el oleaje o la magnitud del océano, el arte se transmite a través de la actividad que se produce en él, de la forma de vida de la gente que ha crecido junto al mar y de las barcas que surcan sus aguas.

La importancia de la composición

Todas las obras de arte poseen una base que aguanta el equilibrio del cuadro. Esa base es la composición, la que hace que la imagen resulte agradable a la vista porque los elementos se esparcen de forma equilibrada en los márgenes del papel; se trata de un ejercicio fundamental para encuadrar y encontrar el mejor punto de vista que nos ofrece un decorado, enormemente útil para fotógrafos y pintores. La composición es un factor importante tanto en los temas sencillos, por ejemplo pequeños bodegones, como en los más complejos, como el que aquí se representa. En este caso, la barca más cercana establece el primer plano y las que se encuentran tras ella ponen de manifiesto los diversos términos hasta llegar a la lejanía. La variedad de texturas y objetos supone un nuevo reto al establecer y valorar cada plano.

Los pinceles

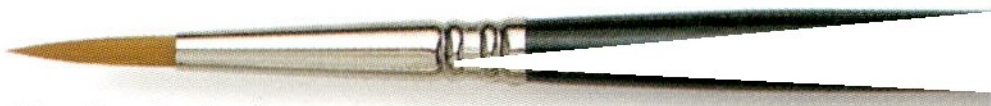
Pincel redondo fino

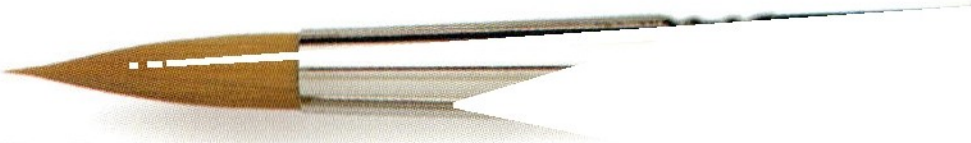
Pincel redondo mediano

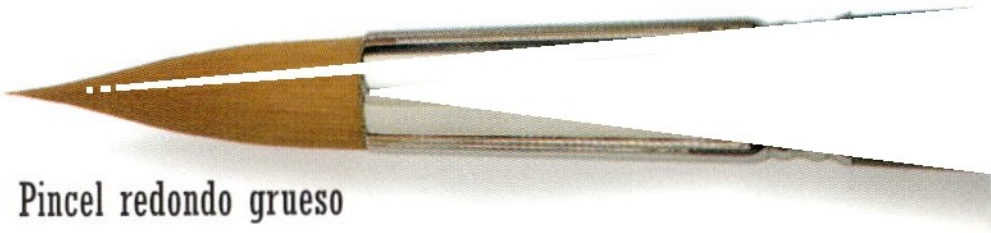
Pincel redondo grueso

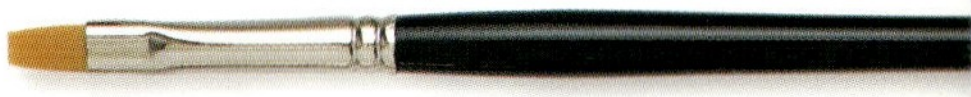
Pincel plano estrecho

Los colores de la paleta

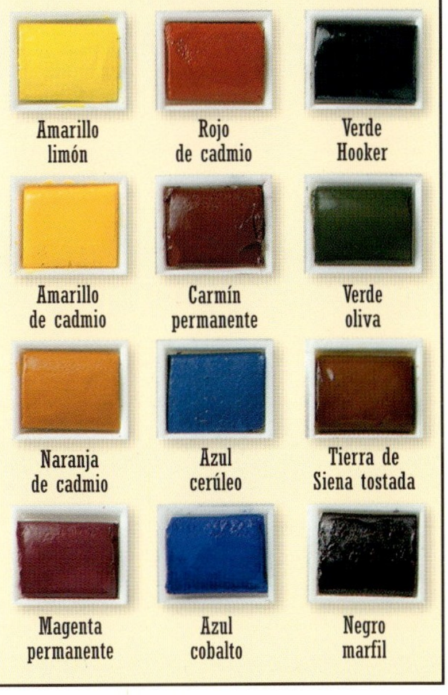

1 Primeras manchas

Mezclamos azul cerúleo con cobalto y manchamos el cielo y el agua. Diluimos con bastante agua y mediante un pincel grueso aplicamos la mancha de modo muy uniforme, sin marcar las pinceladas.

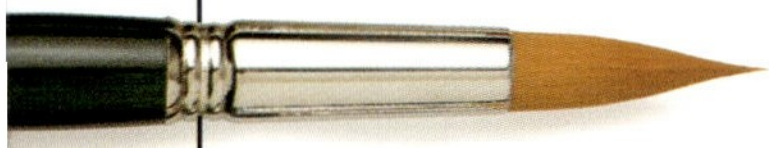

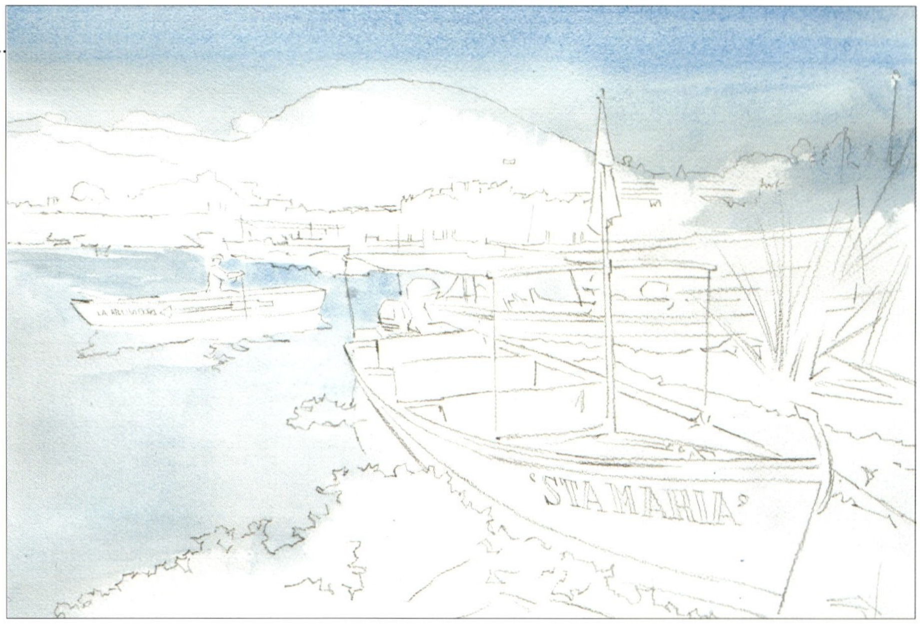

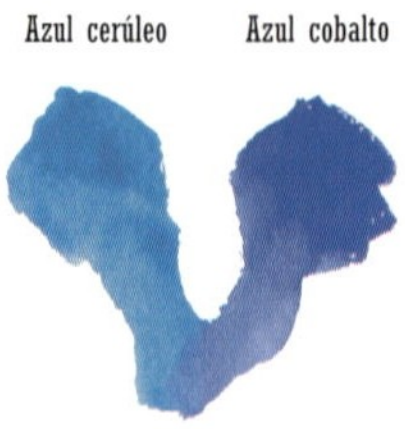

2 Incorporamos las tonalidades lilas

Mezclamos azul, magenta y negro en diferentes proporciones para conseguir varias tonalidades de lila. La montaña más lejana presenta un aspecto más lila; la más grande posee mayor carga de magenta y ofrece un color más cálido e intenso. También añadimos esta tonalidad en la parte inferior de una de las barcas.

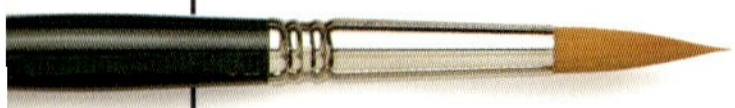

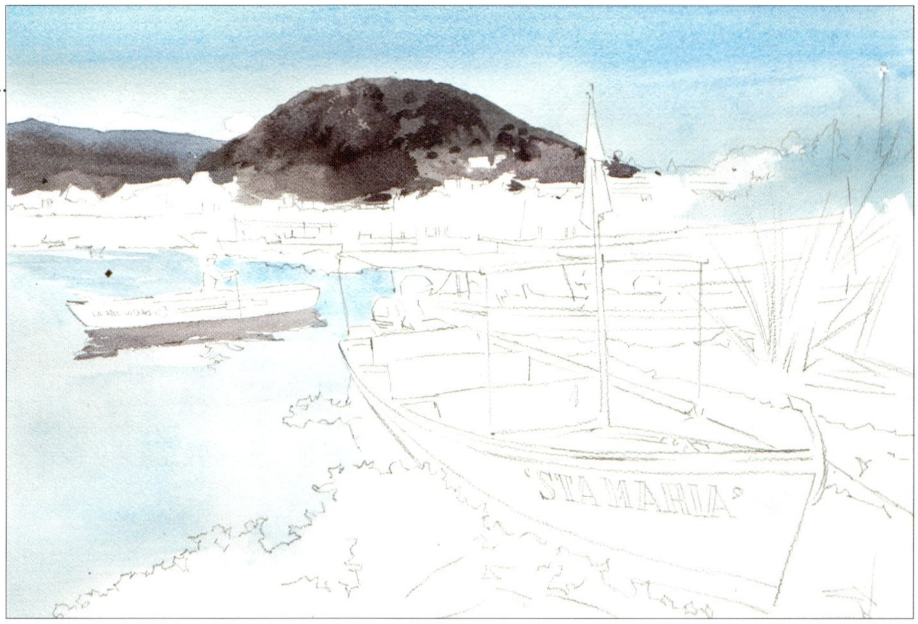

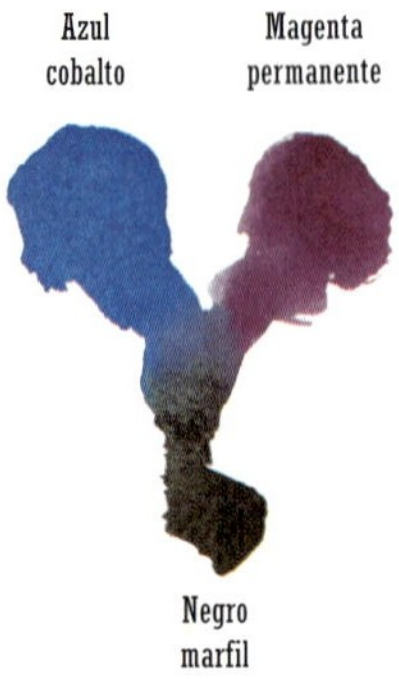

3 La zona verdosa de la lejanía

Construimos diversos tonos de verde que aplicamos mediante pinceladas cortas y verticales. Con un pincel fino conseguimos controlar bien la forma y longitud de dichas tonalidades. Al aplicar el color reservamos las zonas de blanco que indican la presencia de casas. Para los verdes usamos una mezcla de verdes Hooker y oliva, y azul cobalto.

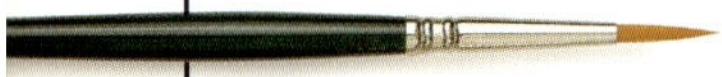

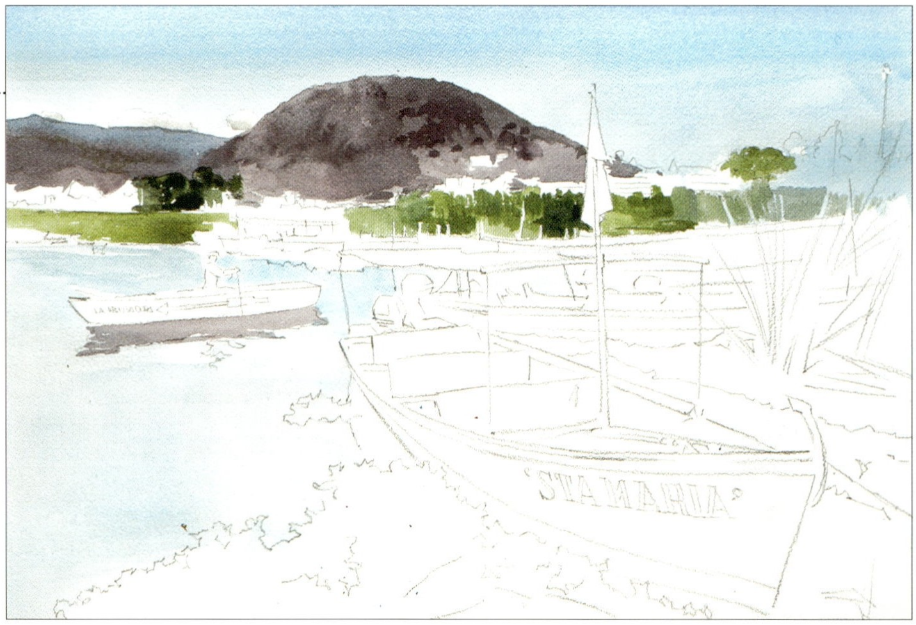

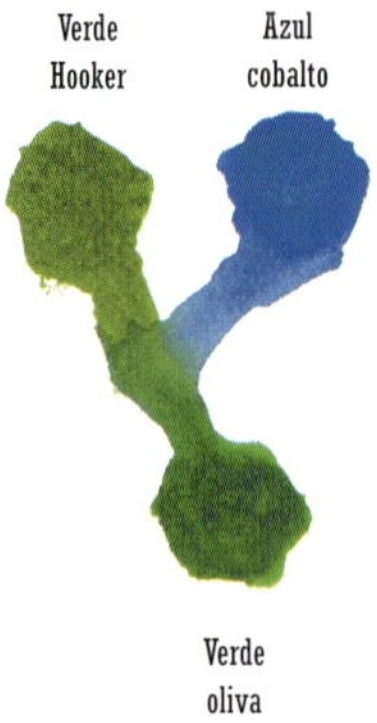

Magenta permanente
Negro marfil

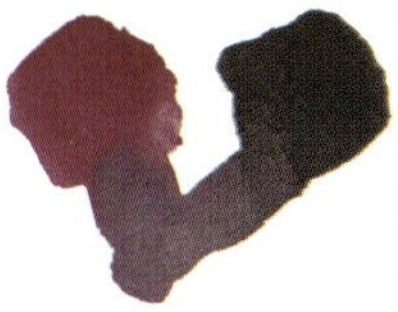

Amarillo limón

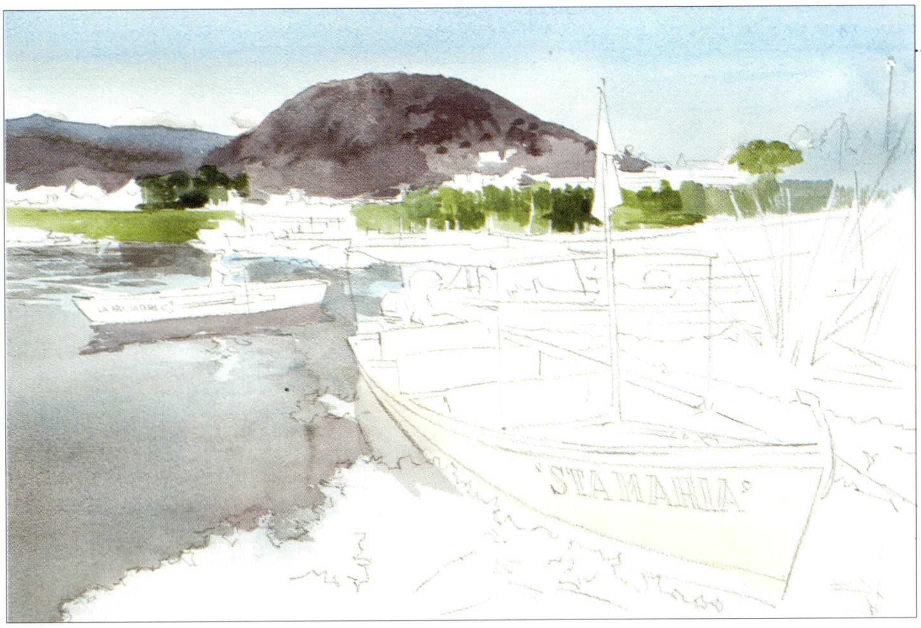

Matizamos el mar

4

Sobre el azul del mar realizamos una veladura muy suave de magenta y negro mezclados. Con ello conseguimos rápidamente un matiz violáceo en toda la superficie. En la lejanía incorporamos algunas pinceladas marcadas de este color que indican la presencia de corriente. También pintamos con amarillo muy suave la barca del primer plano.

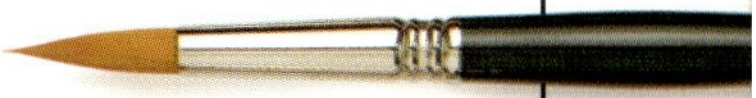

Verde Hooker
Azul cerúleo

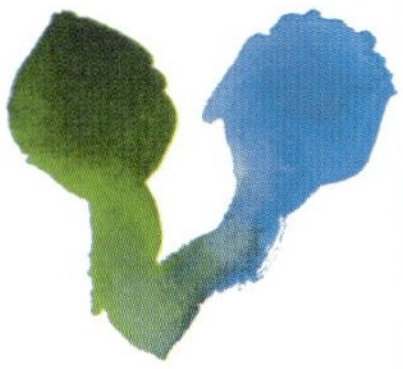

Azul cerúleo

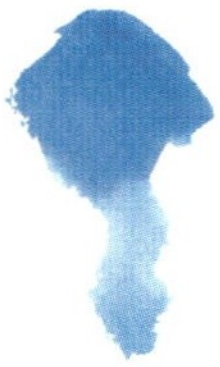

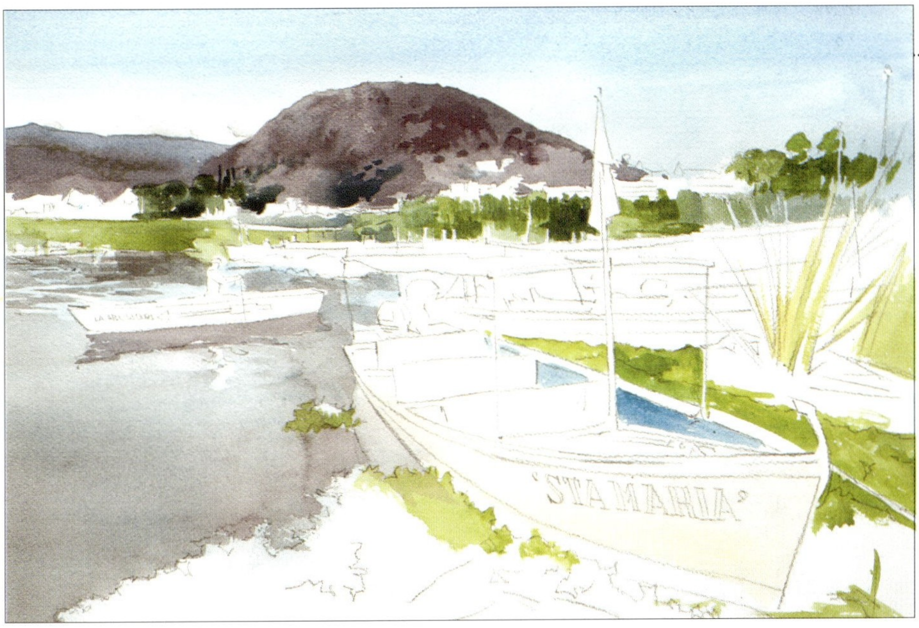

Añadimos más verdes

5

Vamos definiendo las masas de vegetación que se desarrollan en el cuadrante inferior derecho. Para ello mezclamos verde Hooker y azul cerúleo y trabajamos los principales matorrales. También incorporamos directamente el azul en la parte interior de la barca principal.

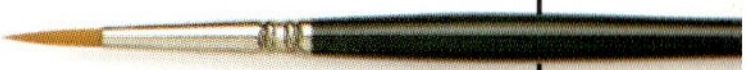

Amarillo de cadmio
Verde oliva

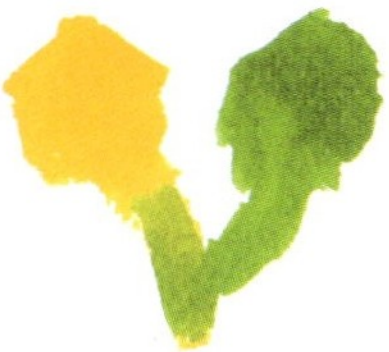

Rojo de cadmio

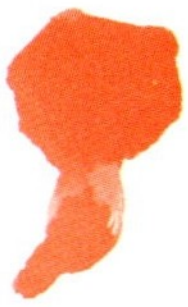

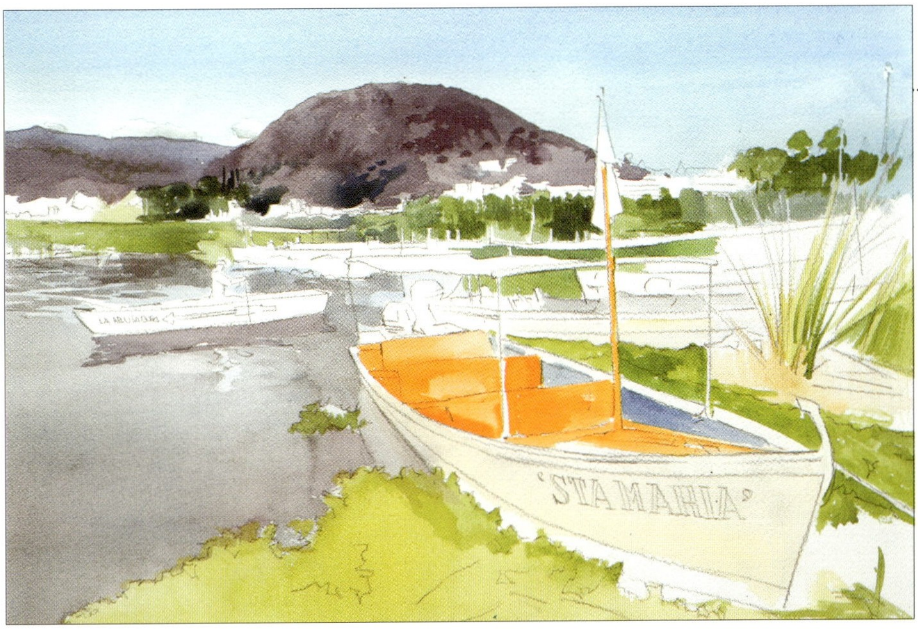

Manchamos los primeros planos

6

Mezclamos amarillo y verde oliva para colorear la parte vegetal de los primeros planos. Realizamos una mancha plana donde más tarde incorporaremos sus matices. Por otro lado, en el interior de la barca añadimos amarillo y algunas marcas de rojo para definir la base de color de los asientos.

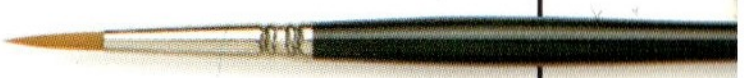

Contrastamos el primer plano

7

Mezclamos verde Hooker con negro e incorporamos pinceladas oscuras sobre el verde claro que tenemos de base. Éstas imitarán las hojas y nos obligarán a dejar fragmentos donde se vea el verde luminoso. En la barca incorporamos el carmín que caracteriza su vivo color y definimos la bandera en rojo de cadmio y verde Hooker.

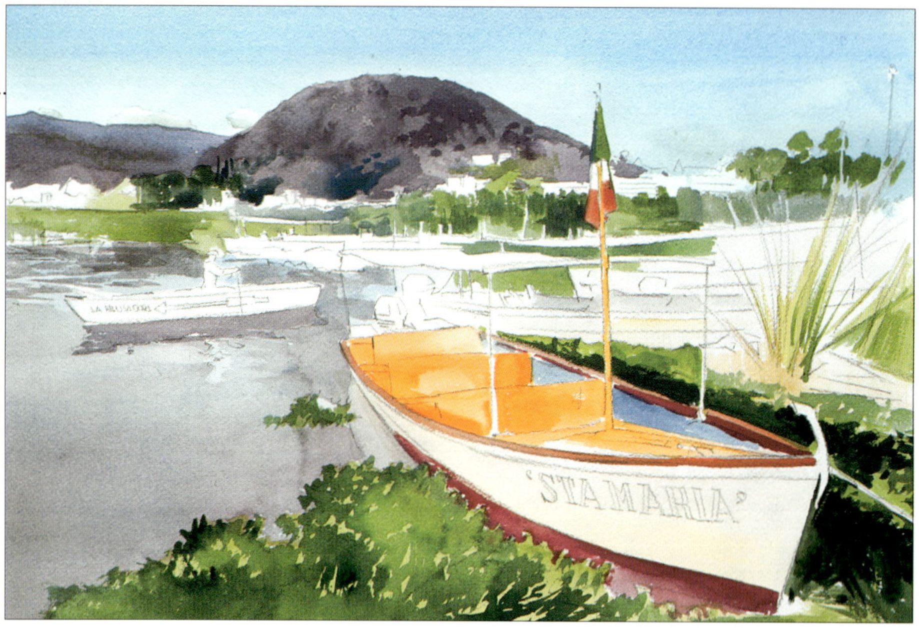

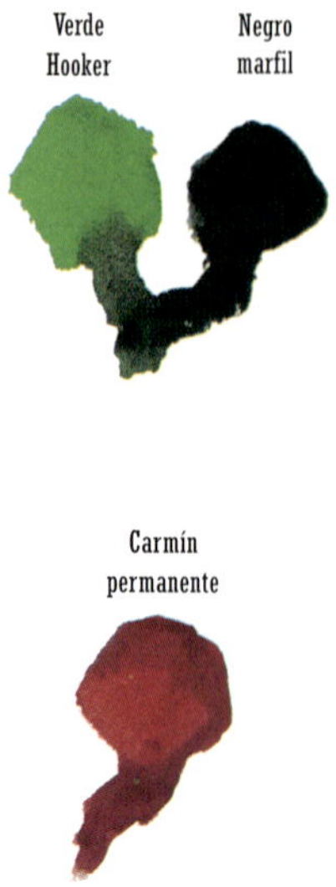

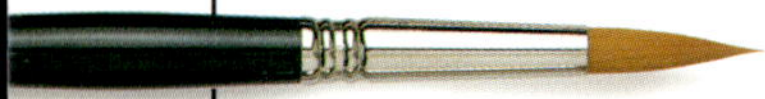

Detallamos la barca

8

Detallamos el interior de la barca a base de contrastar los colores y trazar las líneas que definen cada una de sus partes. Con el pincel grueso mezclamos tierra de Siena y azul para oscurecer los asientos, pero dejando luminosa la parte superior. Por otro lado, con un pincel fino y una mezcla de Siena, carmín y negro perfilamos la bandera, los palos y las siluetas internas.

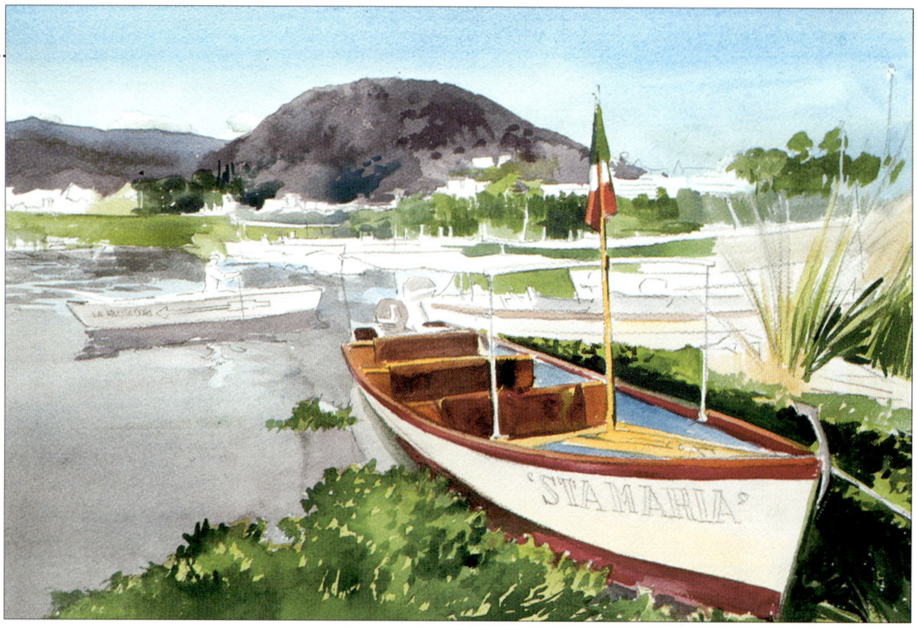

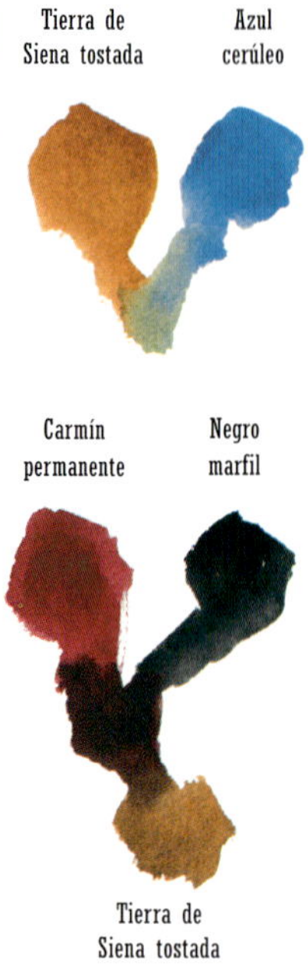

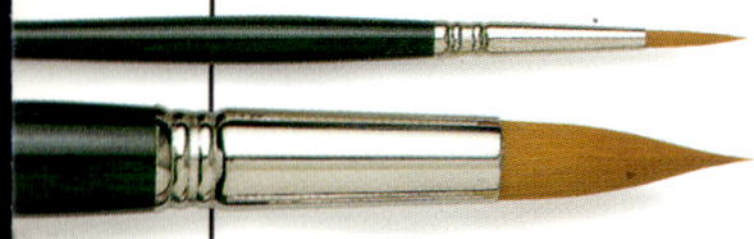

Pequeños detalles

9

Definimos la parte delantera de la barca añadiendo naranja sobre el amarillo de base. Por otro lado, retomamos el tono lila hecho al principio para definir la barca y el remero lejanos. Con la mezcla de carmín, negro y tierra de Siena realizamos los contrastes de las barcas intermedias.

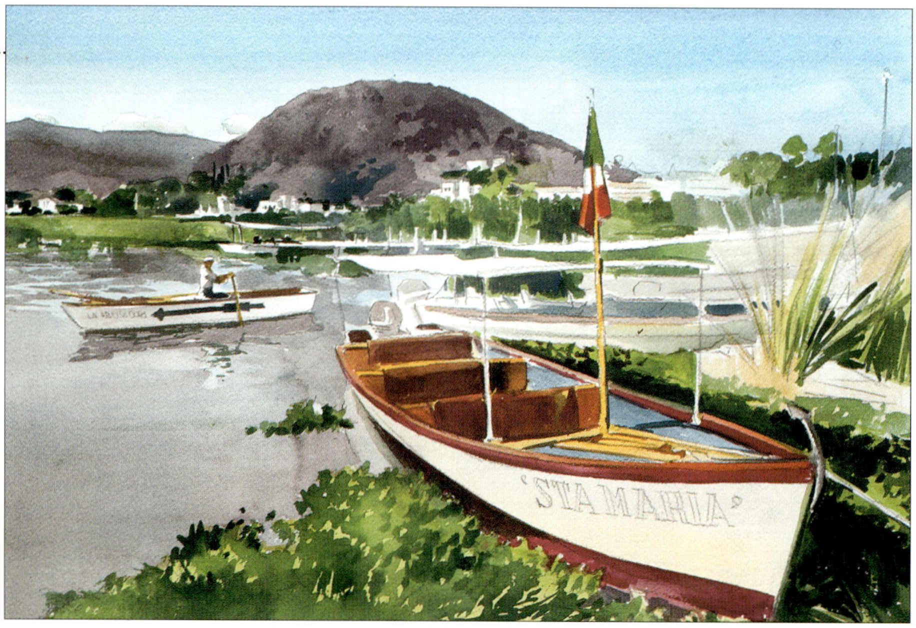

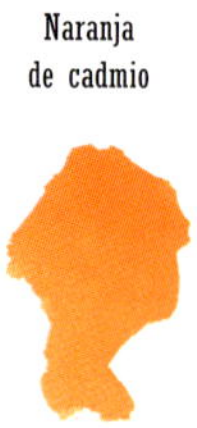

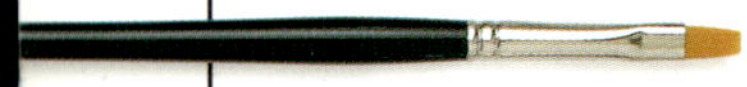

Verde Hooker

Verde oliva

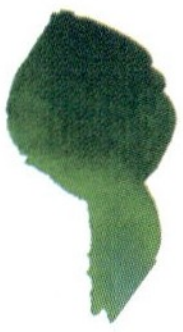

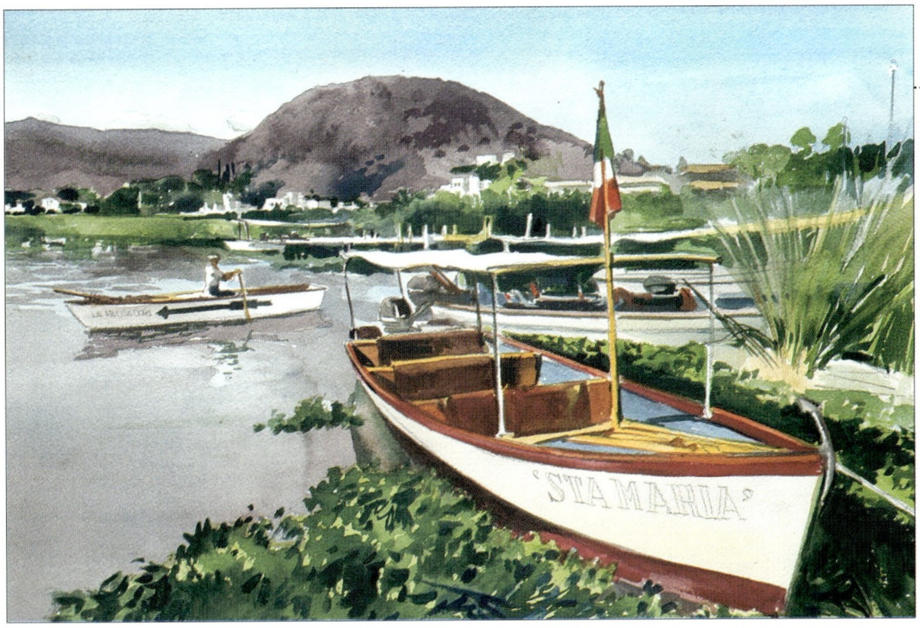

Definimos los matorrales

10

Contrastamos los matorrales de la derecha, especialmente el que sobresale con sus hojas rectas y verticales. Usamos un pincel mediano cargado con verde oliva y luego con Hooker que aplicamos al papel realizando trazos finos en la dirección de las hojas. Con naranja matizamos los tejados de las casas y con negro y rojo contrastamos la segunda barca.

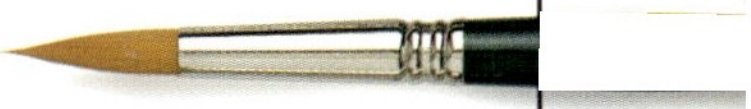

Negro marfil

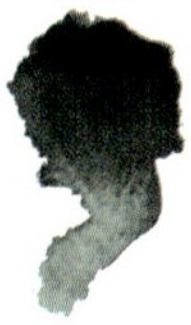

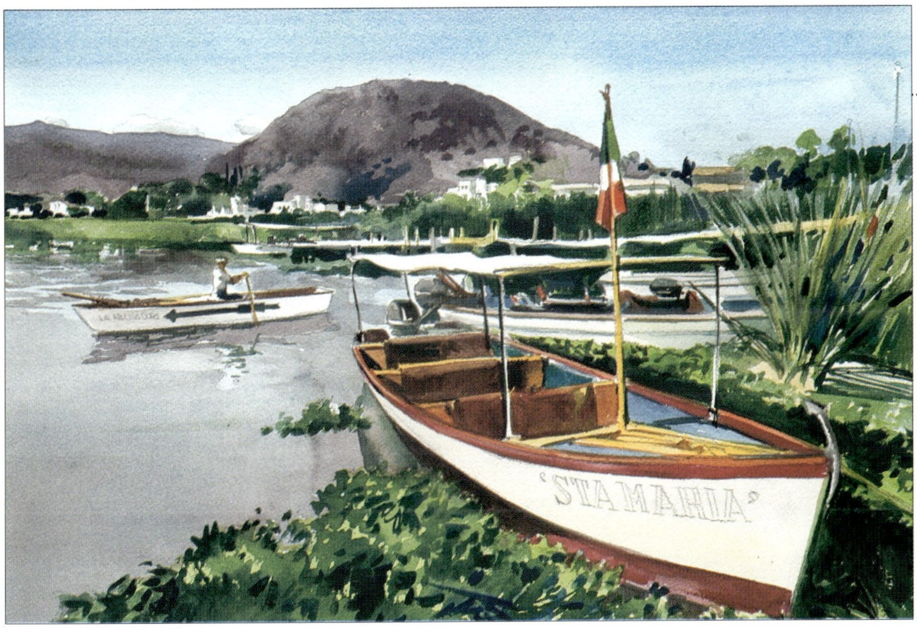

Contrastes en los matorrales

11

Realizamos la misma operación que antes pero con un pincel plano estrecho, que permitirá ver el volumen de los matorrales. El color negro puro proporciona el máximo contraste en los primeros planos.

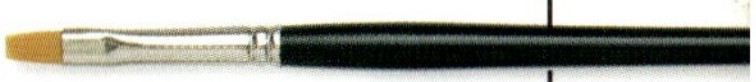

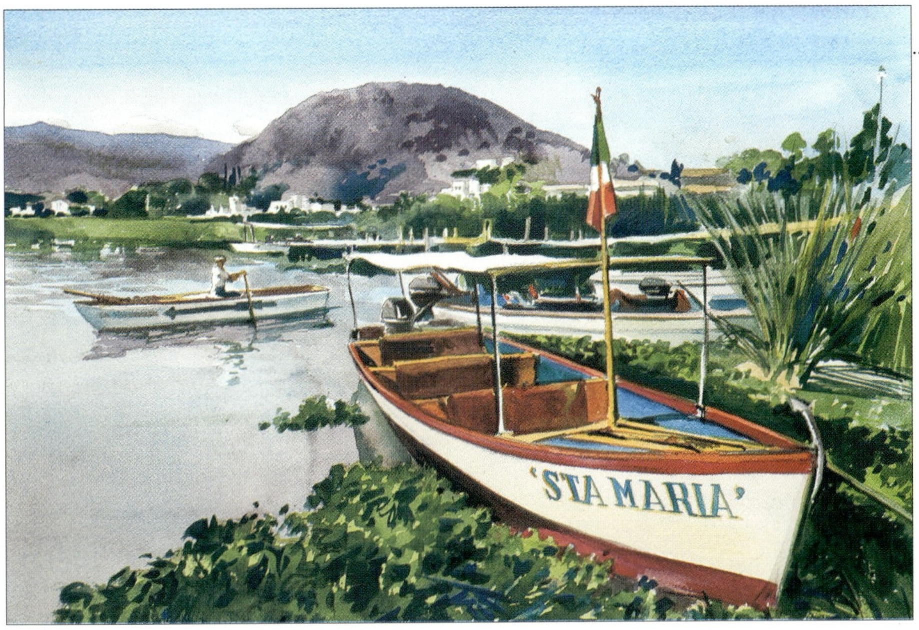

Paso final

12

Para terminar, sólo resta repasar las palabras que figuran en la barca. Usamos un pincel fino y el color negro para trazar cada letra. Este tono estará suficientemente diluido para parecer gris, pues no lo utilizaremos en su máxima intensidad.

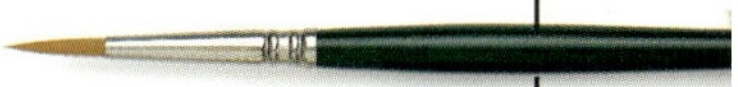

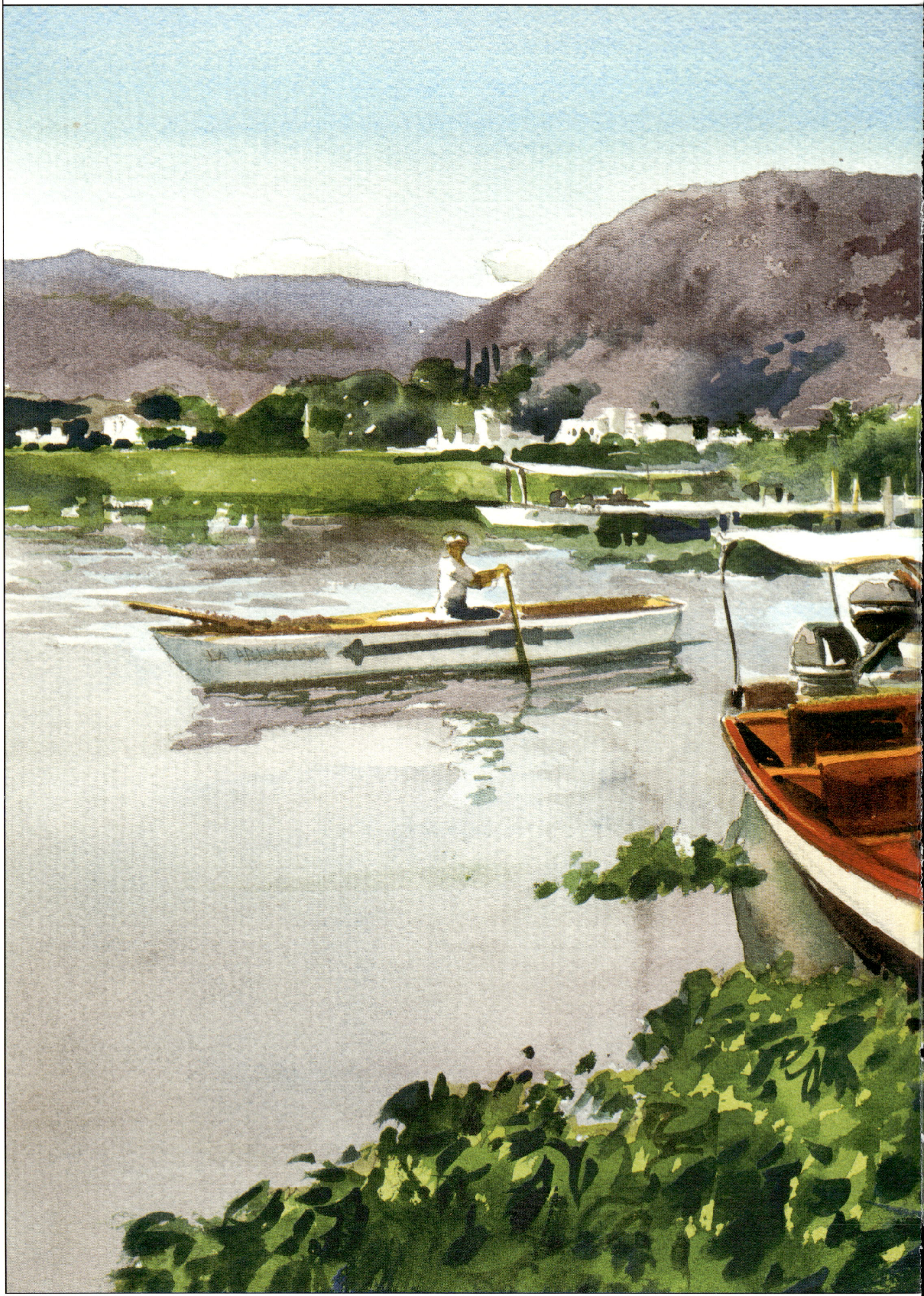

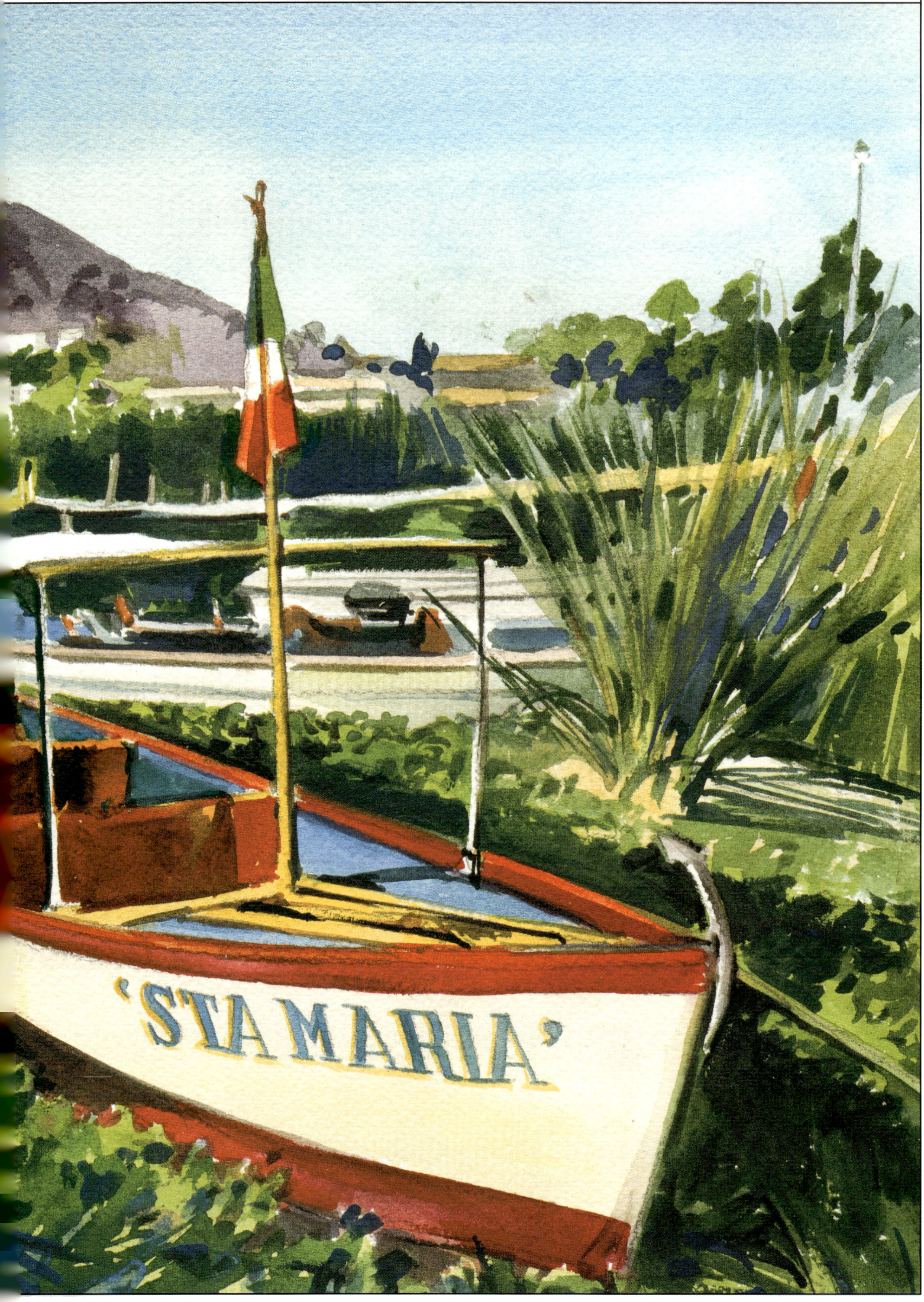
'STA MARIA'

Una idea para el marco

Para esta obra hemos buscado un marco importante y complejo, que refuerce el aspecto tradicional de la pintura. Elegimos un paspartú doble con el espacio interior blanco y el exterior color crema. Dado que la pintura posee colores muy variados, optamos por un color que contraste un poco y le dé más variedad; la mejor solución es el crema, ya que contrasta con los azulados del cielo y el mar. Para el marco aplicamos un criterio clásico, elegimos uno de Santiago Arnau, marrón oscuro y de textura envejecida que confiere un aspecto tradicional a la obra.

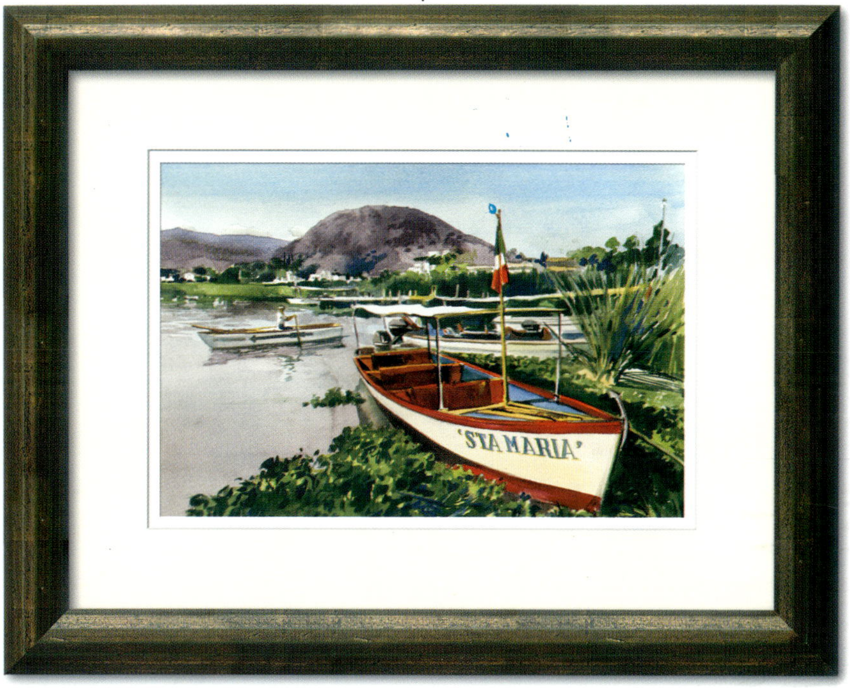

TRUCO

La organización es el factor más importante cuando se trata de realizar una obra compleja en cuanto a colores y elementos. Es fundamental trabajar de claro a oscuro, de planos posteriores a primeros planos y, finalmente, trabajar primero las zonas grandes y dejar para lo último los detalles.

El dibujo como base

La base de cualquier pintura no sólo está en el control del color, las luces y las sombras. Hay una parte muy importante que se encuentra implícita en las pinturas, una parte que se forma de trazos, que estudia las siluetas, la magnitud y la forma de los objetos: es el dibujo previo. El dibujo de una obra empieza con la elección del cuadrante que queremos representar, es decir, con el criterio personal de decidir el punto de vista; una vez concretado, se encaja la escena, se equilibra la composición y se distribuyen los elementos en los márgenes del papel. La tarea de composición se basa en esta distribución equilibrada del espacio. Finalmente, se ajusta el dibujo, los elementos deben tener las formas y siluetas correctas. A partir de ahí, la pintura sólo tiene que seguir las pautas marcadas a lápiz.

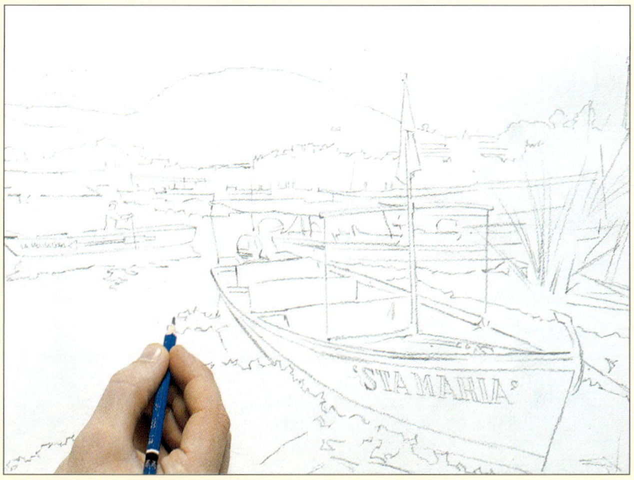

La importancia del dibujo previo es fundamental tanto en los cuadros sencillos como en los más complejos. Un dibujo correcto y detallado asegura el éxito de la pintura posterior.

Materiales complementarios

Cuando nos adentramos en la técnica de la acuarela, descubrimos que es factible combinar la aguada con otros materiales como rotuladores, lápices, caña, lápices acuarelables... Son materiales que combinan con la pintura al agua y a veces resultan más fáciles de controlar que el pincel. Los lápices de color convencionales pueden usarse sobre las manchas de acuarela marcando el trazo y combinando con las fusiones de la pintura. Lo mismo ocurre con la caña o los rotuladores de punta fina, que constituyen un material ideal para reforzar las formas insinuadas con acuarela y conseguir un efecto mixto de trazo y degradado.
Por otro lado, los lápices acuarelables y los rotuladores al agua se disuelven con la propia pintura. Gracias a ello nos es posible perfilar bien una mancha mediante el trazo e incorporarla a la pintura sin que se aprecie el efecto.

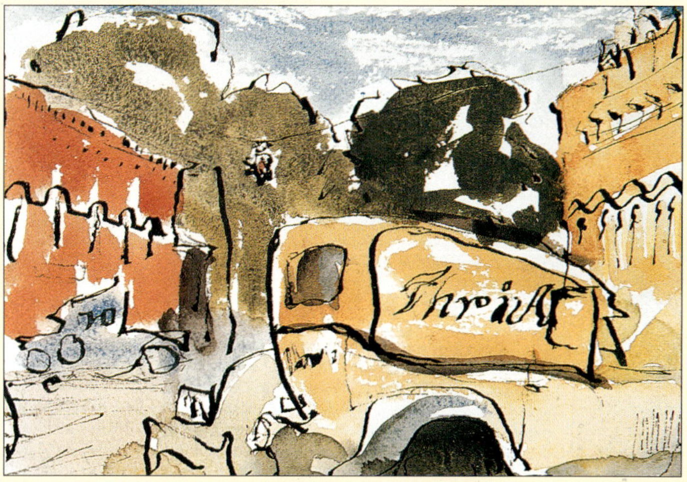

En las técnicas mixtas, aguada y trazo se combinan y dan un resultado muy especial, con varios recursos pictóricos incorporados en una sola imagen.